JN438989

예이츠 시 번역 총서 4

탑

한국예이츠학회

건국대학교 출판부

예이츠 시 번역 총서 4

탑

초판 1쇄 찍은날 | 2006년 12월 23일
초판 1쇄 펴낸날 | 2006년 12월 30일

지은이 | 한국예이츠학회
펴낸이 | 오 명

책임편집 | 박명희
찍은곳 | 한국컴퓨터인쇄정보사

펴낸곳 | 건국대학교 출판부
등록 | 제 4-3 호(1971. 6. 21)
주소 | 143-701, 서울시 광진구 화양동 1번지
전화 | (02) 450 3891~3
팩스 | (02) 457-7202
홈페이지 | http://press.konkuk.ac.kr
e-mail | press@konkuk.ac.kr

정가 | 10,000원

ISBN 978-89-7107-468-8 04840
ISBN 978-89-7107-426-8 (세트)

• 저자와 협의하여 인지 첨부를 생략합니다.
• 잘못된 책은 바꾸어 드립니다.

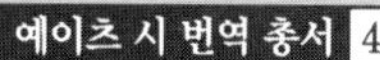

한국예이츠학회

편 저 자

김 주 성(단국대) 김 철 수(경북대)
서 혜 숙(건국대) 신 현 호(천안대)
오 한 욱(제주관광대) 우 철 환(고려대)
윤 기 호(충북대) 윤 정 묵(전남대)
이 세 순(중앙대) 이 영 석(한양대)
조 동 열(조선대) 한 일 동(용인대)
허 현 숙(건국대) (이상 가나다 순)

머리말

한국예이츠학회에서는 『예이츠의 시 전집』(*Collected Poems of W. B. Yeats*, 1933)을 우리말로 번역하고 해설하는 원대한 계획을 세워, 2003년 말에 번역 총서 제1권을 출판한 이래로 올해에는 제4권인 『탑』(*The Tower*)을 출판하게 되었다.

『예이츠의 시 전집』은 서정시집 13권 그리고 설화시와 극시집 6권을 모두 함께 모아 놓은 방대한 분량이다. 이 시 전집 가운데서, 예이츠는 단연코 『탑』을 가장 걸작으로 손꼽으며 자부심을 표현했을 뿐만 아니라, 다른 비평가들도 그 시인의 의견에 동감했던 것은 이미 널리 알려진 사실이다.

예이츠(William Butler Yeats)는 아일랜드에서 1865년에 태어나서 1939년까지 살다 간 금세기의 가장 위대한 시인이다. 그와 더불어 현대 영시의 거장인 엘리엇(T. S. Eliot)이 1940년 예이츠의 1주기 추모 강연에서 그에 대해 평하기를, "현대에 있어서 최고의 시인—영어로 시를 쓴 시인 가운데 확실히 최고의 시인—아니 내가 알고 있는 어떤 말, 그것을 사용해서 시를 쓴 시인 가운데 최고의 시인"이라는 최상급의 찬사를 보낸 바 있다.

그 최상급의 찬사는 생의 최후까지 왕성한 창작욕과 투지로 일관한 열광적이고도, 다양한 면모를 지닌 예이츠의 적극적인 삶의 산물이다. 그는 낭만적인 요소를 다분히 지닌 신비학자인가 하면, 아일랜드의 통일을 위해 분투한 민족주의자이며, 현실정치에 참여한 정치인인가하면, 접신술 · 장미십자회의주의 · 신플라톤주의 · 유태신비주의 그리고 우파니샤드와 일본의 노〔能〕극을 통하여 선불교를 수용한 철학적인 종교인이자, 블레이크(W. Blake)나 셸리(P. B. Shelley)의 영문학 전통을 이어받은 위대한 시인이다.

1798년에 워즈워스(W. Wordsworth)와 콜리지(S. T. Coleridge)가 발표한 『서정민요시집』을 발표하면서 낭만주의를 선언한 것처럼, 거의 백년 뒤인 1899년에 예이츠는 『갈대숲의 바람』을 발표하면서 현대 문학의 방법을 확립했다. 워즈워스는 자연에 대한 인간의 결속을 회복시키려 했으나, 예이츠는 모든 외면적인 현상이 내면적인 특징을 담고 있다는 것을 발견해서 표현했다. 워즈워스에게는 '위대한 존재', '위대하게 존재하기'가 인간의 밖에 있으나, 예이츠에게는 인간의 내면에 있다.

『탑』은 1928년에 출판되었지만, 1922년에 발표된 『일곱 편의 시와 미완성의 시』(*Seven Poems and A Fragment*)와 1924년의 『고양이와 달』(*The Cat and the Moon*)과 1927년의 『10월의 폭풍』(*October Blast*)을 모아서 만들어진 것이다. 그러나 예이츠는 이 시집을 단순한 시모음집으로 생각하지 않았기 때문에, 작품을 단순히 연대순으로 배열하지 않았다. 『탑』은 하나의 작품이다. 『탑』이 출판되기 전까지 예이츠의 문체의 변화나 완숙미가 일반적으로 잘 알려지지 않았다. 이 시집의 각각의 작품들이 걸작이지만, 특히 「비잔티움 항행」("Sailing to Byzantium")와 「탑」("The Tower"), 「레다와 백조」("Leda and the Swan") 그리고 「어린 학생들 사이에서」

("Among School Children")를 '위대한 기념비'로 평가한다.

이 시기에 개인적으로 예이츠는 1922년에 영국으로부터 독립한 새로 탄생된 아일랜드의 초대 상원의원이 되었고, 1923년에는 노벨 문학상을 수여받았다. 이전보다 그의 지명도나 공적인 신분이 훨씬 높아졌다. 그는 워즈워스처럼 '명예롭지만 지혜가 결여된' 명예로운 노시인이 되기를 거부하고, 자기 자신과 노년을 지속적으로 공격해서 얻어지는 에너지로 시를 썼다. 그의 육신이 노쇠해 가면 갈수록 그의 상상력은 더 강해졌다. 그는 '미소 짓는 60세의 공인'이 되었지만, 잃어버린 젊음과 사랑에 대해서 빈정거렸던 기억, 가족과 저택의 영광이 사라져 가는 것을 회상하고, 막 독립한 나라에서 나타나는 현실적인 삶과는 반대로 이상적인 비잔티움을 노래했다. 시인은 인생에 대한 비평가적인 입장에서 현실을 직시하고 있다. 이 시집을 통하여 위대한 시인의 정치, 철학, 우정 그리고 사랑에 대한 자유로운 태도와 관심을 살펴볼 수 있다.

1928년 '발렌타인 데이' 아침에 『탑』이 출판되었다. 104쪽의 21편의 시와 6쪽의 노트가 붙어 있는 이 책은 무어(T. Sturge Moore)의 디자인으로 황록색의 표지에 책의 앞면과 등에 금색 인장이 찍혀 있다. 이 책은 예이츠에게 시인으로서 큰 명성을 안겨 주었을 뿐만 아니라, 경제적으로도 큰 도움이 되었다.

시인이 이 시집 제목으로 택한 '탑'은 실제로 아일랜드 서부 골웨이 근처의 마을인 고르트에서 4마일 정도 떨어진 곳에 세워진 탑으로서, 14세기 노르만 시대에 군사적인 수비의 목적으로 세워진 것이었다. 노후한 이 탑을 예이츠가 1917년 초에 아일랜드 정부로부터 구입하여 대대적인 수리 후 그 이름을 발릴리 성에서 '투르 발릴리'(Thoor Ballylee)로 바꾸었다. 그해 결혼한 시인은 투르 발릴리를 여름 별장으로 사용했다. 투르 발릴리는 실제로 시인 자신의 거주 공간이었을 뿐만 아니라, 동시에 자신의 혼의 상징이라 할 수 있다. 그 탑은 실제의 현실적인 삶과 상상의 세계를 연결시켜 주는 그의 예술의 상징인 것이다.

이 번역 시집을 펴내면서 본인은 개인적으로 2005년 슬라이고에서 열린 '예이츠 여름학교'에 참석했을 때, 골웨이에 있는 '탑'을 방문했던 기억이 새삼스럽게 떠오른다. '탑'을 향해 들어가는 입구의 작은 숲이 뿜어내는 기운에 뒷덜미가 서늘하면서 가슴 떨렸던 그 느낌에 "예이츠 혼이 나를 반기는 것이 아닐까?" 하는 생각이 들었었고, 작은 시냇물 위에 놓인 다리 너머의 돌탑 안에 들어서자 입구에 놓인 진열대 안에 전시된 『탑』의 원본을 보고 그 표지의 디자인과 색의 아름다움에 벌린 입을 한동안 다물지 못했고, 나선형의 좁은 계단을 돌아 탑의 정상에 올라서서야 탑의 아래에서 느낄 수 없었던 온 사방에 펼쳐진 아름다운 장관에 마치 모든 시간이 정지된 듯했다. 그 순간 환한 대낮인데도 별이 총총하게 뜬 밤에 그곳에서 명상에 잠긴 시인의 모습을 떠올렸었다.

이 시집은 한국의 예이츠 학자들의 수십 년에 걸친 노고가 담긴 소중한 결실이다. 예이츠 애호가들이나 후학들에게 미력한 힘이나마 보탬이 되기를 바라는 마음 간절하다.

병술년 십이월

한국예이츠학회 회장　서혜숙

예이츠가 1919년부터 1929년까지 여름 별장으로
사용했던 골웨이의 투르 발릴리(Thoor Ballylee)

c o n t e n t s

시집 『탑』

THE TOWER (1928)

1928년 출판된 예이츠 시집 『탑』의 표지(T. Sturge Moore 디자인)

□ 시집 □

『탑』

THE TOWER (1928)

SAILING TO BYZANTIUM

I

That is no country for old men.[1] The young
In one another's arms,[2] birds in the trees
— Those dying generations — at their song,
The salmon-falls, the mackerel-crowded seas,[3]
Fish, flesh, or fowl, commend all summer long
Whatever is begotten, born, and dies.
Caught[4] in that sensual music all neglect
Monuments of unageing intellect.

II

An aged man is but a paltry thing,
A tattered coat upon a stick,[5] unless
Soul clap its hands and sing, and louder sing
For every tatter in its mortal dress,

1) That is no country for old men: 여기서 "That"은 지금까지 시인이 살아온 나라 아일랜드로서, 사랑하는 젊은이들과 새들의 노래가 끊이지 않는 활기차게 생동하는 관능적 세계이다. 따라서 저것은 늙고 힘없는 늙은이들이 더 이상 살 곳이 못 되므로, 화자는 거기서 발길을 돌려 영원한 정신세계로 향하고 있다.
2) The young / In one another's arms: 이 구절에는 시인이 그의 이 시의 산문원고에서 말한 바, 즉 정상적인 세계에는 열정적인 사랑이 불가능한 늙은이가 설 자리가 없다는 의미가 이면에 깔려 있다.

비잔티움 항행(航行)

이세순

I

저것은 늙은이들의 나라가 아니다.[1] 서로서로
팔짱을 낀 젊은이들,[2] 나무 속의 새들
— 저 죽어가는 세대들 — 은 저희들의 노래를 하고,
연어의 폭포, 고등어 득실거리는 바다,[3]
물고기나 짐승이나 새들은 긴 여름 내내 찬미한다,
무엇이고 잉태되고 태어나서 죽는 것을.
모두가 저 관능적인 음악에 빠져서[4]
늙지 않는 지성의 기념비를 경시한다.

II

늙은이란 다만 보잘것없는 것,
막대기에 걸친 누더기 옷일 뿐이다,[5] 만일
영혼이 손뼉 치며 노래하지 않는다면, 육신의 옷이
갈가리 찢어지는 것을 큰 소리로 노래하지 않는다면.

---

3) The salmon-falls, the mackerel-crowded seas: 유한하고 속절없기는 해도 풍요롭고 활기찬 삶을 영위하는 현실의 생물세계를 상징한다. 이러한 상징은 산란지를 찾아 아일랜드의 북서부 해안도시 골웨이(Galway) 포구로 몰려드는 연어 떼와 아일랜드의 서부 해안에 몰려다니는 고등어 떼를 목격한 시인 자신의 경험에 근거를 두고 있다.
4) Caught: Being caught.
5) a tattered coat upon a stick: 허수아비의 형상. 예이츠는 흔히 늙고 조락한 자신의 모습을 자조적으로 가리켜 "허수아비"라든가 "부러진 가시나무"라든가 "찌그러진 주전자" 따위로 표현하였다.

Nor is there singing school but studying
Monuments of its own magnificence;
And therefore I have sailed the seas and come
To the holy city of Byzantium.[6]

Ⅲ

O sages standing in God's holy fire
As in the gold mosaic[7] of a wall,
Come from the holy fire, perne in a gyre,[8]
And be the singing-masters of my soul.
Consume my heart away; sick with desire
And fastened to a dying animal
It knows not what it is; and gather me
Into the artifice of eternity.

Ⅳ

Once out of nature I shall never take
My bodily form from any natural thing,
But such a form as Grecian goldsmiths make[9]
Of hammered gold and gold enameling

---

6) Byzantium: 동로마제국의 수도 콘스탄티노플(Constantinople)의 옛 이름으로, 지금의 터키 수도 이스탄불(Istanbul)을 가리킴. 물질적이고 관능적이며 생로병사의 유한한 현실 세계와는 달리, 비잔티움은 영원불변의 정신세계이며 전무후무하게 종교와 철학과 예술이 조화의 극치를 이룬 성스런 도시이다.

또한 영혼의 장엄한 기념비를 공부하지 않으면
노래를 가르쳐 줄 학교는 어느 곳도 없으니,
그래서 나는 바다를 항해하여 왔다
성스런 도시 비잔티움으로.[6)]

III

오, 황금 모자이크 벽에서와 같이
신의 성화 속에 서 계신 성현(聖賢)들이시여,[7)]
그 성화에서 나와 빙빙 선회하며 내려오사,[8)]
내 영혼의 노래 스승이 되어 주소서.
내 심장을 소멸시켜 주소서, 욕망에 병들고
죽어가는 동물에 얽매여서
내 심장은 제 처지도 모르오니. 그리하여
나를 영원한 세공품으로 만들어 주소서.

IV

한 번 자연에서 벗어나면, 나는 정녕코
내 육신의 형상을 어떤 자연물에서도 취하지 않고,
그리스의 금공들이 망치질한 금에
황금유약을 발라 만드는 그런 형상을[9)] 취하리라,

---

7) sages standing ... in the gold mosaic: 예이츠가 직접 비잔티움에 가본 적이 없었으므로, 이 묘사는 그가 1907년에 방문한 적이 있는 옛 서로마제국의 수도 라벤나(Ravenna)의 성 아폴리나레 대성당(Sant Apollinare Nuovo)의 황금 모자이크 벽에 그려진 성현들의 모습에서 비롯된 것이다.

To keep a drowsy Emperor awake;
Or set upon a golden bough to sing
To lords and ladies of Byzantium
Of what is past, or passing, or to come.[10)]
1927

《해설》

이 「비잔티움 항행」은 후속 시 「비잔티움」(1930)과 더불어 모순과 갈등 속에 상변하는 유한한 자연세계에서 벗어나 영원하고 조화로운 초자연적 정신세계로 가고자 하는 노시인 예이츠의 간절한 소망이 표출된 시이다. 예이츠의 비잔티움은 바로 육신의 노쇠함과 죽음에 대한 슬픔이나 두려움 없이, 그리고 현실과 이상 간의 괴리에서 생기는 실의나 절망감도 없이 누릴 수 있는 영원한 조화의 세계로 상정된 곳이다. 그리고 비잔티움에 대한 예이츠의 이러한 생각과 지식은 대체로 그의 독서에서 비롯된 것인바, 그가 읽은 주요 책들은 홈스(W. G. Holmes)의 『유스티니아누스와 테오도라 시대』(*The Age of Justinian and Theodora*, 1905), 스트롱 부인(Mrs A. Strong)의 『신격화와 내생: 로마제국의 예술과 종교의 몇 가지 국면에 관한 3차 강연』(*Apotheosis and After Life: Three Lectures on Certain Phases of Art and Religion*

---

8) perne in a gyre: 실패처럼 소용돌이 꼴로 빙빙 돌아 내려오다.
9) such a from as Grecian goldsmiths make: 예이츠는 어디에선가 비잔티움의 황궁에는 금과 은으로 만든 나무와 노래하는 인조 새가 있었다는 것을 읽은 적이 있다고 한다(*VP* 825).
10) what is past, or passing, or to come: 시적 화자는 세속에 얽매어 있으면서도 영원세계를 꿈꾸면서 영원을 노래하는 불변의 황금새가 되고자 하였다. 그러나 이 새가 부르는 노래는 과거와 현재와 미래가 있는 속세에 속하며, 첫 연에 나온 "Whatever is begotten, born, and dies."라는 말의 반향으로 들린다.

꾸벅꾸벅 조는 황제를 깨우기 위하여,
혹은 황금 가지에 앉혀놓고 비잔티움의
남녀 귀족들에게 과거나 현재나 미래를
노래로 들려주기 위하여 만드는 그런 형상을.[10)]
1927

---

in the Roman Empire, 1915), 돌턴(O. M. Dalton)의 『비잔티움 예술과 고고학』(*Byzantium Art and Archeology*, 1911), 그리고 기본(Edward Gibbon)의 『로마제국의 패망사』(*The History of the Decline and Fall of the Roman Empire*, 1776~1788) 등이다.

예이츠가 알고 있는 비잔티움은 실생활과 예술과 철학과 종교가 하나가 된 완벽한 세계로서, 사람들이 완전한 비개성적인 삶에 이르고 예술가들은 마치 하나의 거대한 계획하에 한 형상을 만들듯 몰개성적인 예술 작품을 창조하는 곳이다. 말하자면, 비잔티움은 역사상 전무후무한 "삶의 모든 양상의 통합"(Henn 223)을 상징한다. 사실 지금의 터키의 수도 이스탄불(Istanbul)로 동로마제국의 수도였던 비잔티움은 동서 문화의 교차지로서 완전한 문화의 통일을 이룬 도시였고, 그 문화에 매료된 예이츠는 이곳을 생성 변화의 현실에 맞서는 영원하고 이상적인 상상의 도시로 재건하려 한 것이다. 예이츠는 그의 저서 『비전』(*A Vision*)에서, 만일 자기 마음대로 살고 싶은 곳에 가서 한 달 동안 살도록 허락받을 수 있다면, 그는 바로 이 비잔티움을 택할 것이라고 하면서 다음과 같이 말한 적이 있다.

> 내가 만일 고대의 한 달을 부여받아 그 한 달을 내가 선택한 곳에서 보내도록 허락받을 수 있다면, 나는 그 기간을 유스티니아누스가 성 소피아 성당을 열고 플라톤의 아카데미아를 닫기 조금 전의 비잔티움에

서 보냈으면 한다. … 내 생각으로는 초기 비잔티움에서는 아마도 유사 이래 전무후무하게 종교생활과 심미적인 생활과 실생활이 하나였고, 건축가와 숙련공들이 … 다수와 소수인을 가리지 않고 대화를 했을 것이다. 화가, 모자이크 기술자, 금은 세공자, 성서채식사(聖書彩飾師)가 거의 비개성적이었고, 아마도 거의 개개인의 설계의식 없이 그들의 주제, 곧 모든 백성의 비전에 몰입했다. 그들은 … 모든 것을 하나의 거대한 설계 속에 짜 넣을 수가 있었다. 한 사람의 작품처럼 보이는 많은 사람들의 작품, 즉 건물, 그림, 무늬, 난간과 전등의 금속 세공품이 단 하나의 이미지처럼 보이게 만드는 많은 사람들의 작품을.

I think if I could be given a month of Antiquity and leave to spend it where I chose, I would spend it in Byzantium a little before Justinian opened St. Sophia and closed the Academy of Plato. ... I think that in early Byzantium, maybe never before or since in recorded history, religious, aesthetic and practical life were one, that architect and artificers ... spoke to the multitude and the few alike. The painter, the mosaic worker, the worker in gold and silver, the illuminator of sacred books, were almost impersonal, almost perhaps without the consciousness of individual design, absorbed in their subject-matter and that the vision of a whole people. They could ... weave all into a vast design, the work of many that seemed the work of one, that made building, picture, pattern, metal-work of rail and lamp, seem but a single image. (*AV* 279-280)

두말할 나위 없이, 예이츠가 그리는 비잔티움은 생성 변화하는 인간 세계(becoming world)와는 달리, 모든 것이 순화되고 일원화되어 모순과 갈등이 없는 조화만이 깃든 영원한 세계(the world of being)이다. 따라서 이제 시인은 더 이상 기댈 수 없는 멸할 육신의 세계를 저만큼 떠나 영원한 영혼의 세계이자 조화로운 예술세계인 비잔티움을 향해 뱃길에 오른다. 제1연 제1행의 “저것”(that)이라는 말이 시인이 이미 영원한 정신적 삶을 등한시하며 관능적 향락만을 좇는 젊은이의 세계를 떠나 영원한 이지의 노인의 나라인 성도 비잔티움으로 향하고 있음을 보여준다. 시인의 눈에 비치는 현실 세계의 실상은 모두가 늙고 힘없는 노인으로서는 더 이상 견뎌내지 못할 속절없는 관능적이고 물질적인 자연세계의 충격적인 장면들뿐이다. "저 죽어가는 세대들"(Those dying generations)인 청춘남녀와 나무 속의 새들은 그들 자신의 죽을 운명도 모른 채 관능적인 음악에 빠져 있다. 산란기가 되어 산란 장소를 찾기 위해 떼 지어 폭포를 오르는 연어와 바다에 득실거리는 고등어들이 그러하고, 긴 여름 내내 무엇이고 잉태되고 태어나 죽는 것을 찬미하는 물고기나 짐승이나 새들도 그러하다. 이렇듯 지상의 만물은 관능적인 음악에 도취되어 죽음의 세계로 치달을 뿐, 늙거나 썩지 않는 영원한 지성의 기념비를 소홀히 여기고 있으니, 현실에 적응할 수 없는 늙은이가 느끼는 괴리감과 허탈감은 더욱 커질 수밖에 없다.

제2연에서 시인은 노인이란 멸할 육신의 옷을 벗고 영적 존재로 승화하지 않는 한 허수아비에 불과한 것이므로, 멸할 육신의 옷이 갈기갈기 찢어지는 것을 좋아라 손뼉 치며 목청을 드높여 노래를 불러야 한다고 말한다. 그런데 그 노래가 장엄한 영혼의 유산을 모른다면 관능적인 노래에 지나지 않으므로, 그는 완벽을 이룬 영혼의 장엄한 유산을 배우고자 상상의 성도 비잔티움으로 항해하여 건너온 것임을 밝힌다.

제3연에서는 성도 비잔티움에 도착한 노시인은 영혼의 노래를 배우며, 성현들의 도움을 받아 신의 성화로 육신을 정화하고 영구불변의 예술품으로 변형되기를 간청한다. 예이츠의 비잔티움은 시간과 모든 인간적 본성을 초월하는 영원한 신의 세계이기도 하다. 그래서 그는 신의 성화 속에 서 있는 성현들에게 내려와서 영혼의 음악 선생이 되어 줄 것과, 현세를 떠났어도 여전히 멸할 관능의 세계에 얽매이고 욕망에 들떠서 제 분수도 모르는 심장을 소멸시키고 정화하여 자신을 영원한 예술품으로 개조해 주기를 간청한다.

마지막 연에서는 이렇게 시인은 육적 자아를 완전히 비우고 자연계를 벗어남으로써 영원한 생명을 지닌 초자연적인 황금새와 같은 영적 존재로 변형되기를 원한다. 시인은 황금 대장간에서 육신을 벗는 고통을 거쳐서 세월의 흐름을 거부하는 황금새가 되어, 황금가지에 앉아 과거 · 현재 · 미래를 노래하는 영원하고 완전한 통시적 존재로 재탄생할 것임을 선언한다. 한마디로 예이츠의 황금새는 자연계를 벗어나 초자연계의 이지적 존재로 승화한 영원한 정신의 표상이다. 따라서 예이츠는 마침내 일체의 갈등이 없이 조화롭고 황홀한 예술세계의 황금새가 되어 끝없이 영원세계를 노래할 수 있게 된 듯하다.

그러나 이 시의 뛰어난 예술성과 완성도에도 불구하고, 마지막 연에 등장하는 황금새가 지닌 모순성과 그 황금새가 부르는 노래의 속성이 이 작품의 또 다른 해석을 가능하게 해준다. 본래 예이츠가 의도한 황금새는 일체의 세속의 물질이나 인간성을 정화한 끝에 도달한 영원한 이지적이고 정신적인 존재의 표상이지만, 그 불가시적인 정신적 존재가 역설적이게도 황금새라는 물질적 형상을 빌려 가시화되고 있다. 즉, 지금까지 시인이 소망해 온 정신적 승화의 표상이 결국 물질적 구현으로밖에 표현될 수 없다(physically embodied spirit)는 모순성을 드러낸다. 또한 불변의 황금새가 황금가지에 앉아 부르는 노래는 통시적이고 영원한 세계인 듯하지만, 그것은 바로 항변(恒變)하는 인간세계, 즉 과거와 현재와 미래가 있는 자연세계와 다르지 않다. 황금새가 부르는 과거나 현재나 미래의 노래는 곧 제1연의 "저 죽어가는 세대들"이 부르는 유한하고 관능적인 세계와 맞닿아 있는 셈이다. 그러므로 정신세계의 표상인 황금새는 흐르는 시간 속에 있는 인간세계가 없으면 부를 노래가 없고, 새가 노래를 부를 수 없다면 그 존재가 없는 것이니 멸할 운명을 지닌 현실의 새와 같다. 따라서 예이츠의 황금새가 지닌 이러한 모순성과 그 속성은 곧 극도로 순화되고 일원화된 순수한 정신

세계일지라도 완전히 물질세계와 분리되어서는 존재할 수 없다는 사실의 인식으로 이어진다.

이런 맥락에서 볼 때, 예이츠의 비잔티움은 시간으로부터의 피난처이고(Tindall 31), 현실에서는 불가능한 조화롭고 완전한 삶을 제공하는 상상의 성도이다. 그래서 예이츠는 이 상상의 도시에서 오욕된 인간의 속성을 정화하고 신의 성화 속에서 불사조와 같은 영원한 지성적 예술품으로 개조되어 완전한 삶을 누리려 한 것이다(O'Donnell 69-70). 그러나 이 영적 완전체의 상징인 황금새는 일체의 지상성(地上性)을 거부하는 인간 외적인 존재로서, 다만 시인의 환상적인 황홀한 현현의 순간에만 머물러 있을 뿐이다. 그것은 이 영원한 예술품은 시인이 한층 지고한 삶과 진리를 구현하기 위해 현세의 삶을 거부하고 창조해 놓은 것이므로, 산 사람으로서는 따를 수 없는 한층 높은 차원의 존재 질서에 속해 있기 때문이다(Kermode 149). 다시 말해서, 영원한 영적 완성체를 이루려는 예이츠의 꿈이 영속적인 실상으로 구현되지 못하고 황홀한 환상적 현현에 그치고 마는 것은, 그가 꿈꾸는 세계가 시간을 벗어난 인간 외적인 영역에 있어 인간의 삶을 허용하지 않기 때문이다.

이렇듯 인간이 완전한 삶의 질서를 갈망하면서도 그것을 따를 수 없는 것은, 그것이 무갈등의 순수 상태로서 인간의 삶 자체가 불가능하기 때문이다. 본디 인간은 정반요소들의 복합체로서 이것들이 빚어내는 갈등이 없이는 삶 자체가 불가능한 존재이므로, 인간의 경험을 불허하는 이 완전한 존재의 표상인 황금새는 곧 스톡(A. G. Stock)이 말하는 "유령 체현"(phantom incarnation)(123)으로서, 말하자면 다만 가시적인 외형적 형체를 취했을 뿐이다.

이러한 관점에서 볼 때, 예이츠가 상정한 비잔티움의 영원성은 환상적인 예술세계에서의 현현의 순간에서나 가능한 인공적인 것이다. 이것은 정신 영역에 상정된 실체는 일체의 것들이 정반을 형성하는 시간에 매인 인간으로서는 성취할 수 없기 때문이다. 그래서 그는 그것을 예술 작품을 창조하고 향유할 때 순간적으로 시공을 초월하는 황홀경에 빠지는 예술세계에 이룩해 놓은 것이다. 그러므로 비잔티움 시편은 예이츠의 지성과 시적 발전의 높은 수위표(水位標)이며 예술의 완성이지만, 지나치게 드문 분위기로 몰고 가 현실성이 결여된 강렬한 백열 상태를 자아낸 것이라고 오도넬은 평가하고 있다.

> 많은 비평가들에게, 예이츠의 두 비잔티움 시편은 그의 지성적 · 시적 발전의 높은 수위표, 즉 그의 예술의 극치이다. 그러나 이 시편들이 훌륭하기는 하지만, 나는 예이츠가 그의 생각을 매우 드문 분위기로 밀어 넣었으며, 유지할 수 없는 강렬한 백열 상태를 만들어 내고 있다고 느낀다.

> To many critics, Yeats's two Byzantium poems are the high-water mark of his intellectual and poetic progress, the perfection of his art. Fine as these poems are, however, I feel that Yeats has pushed his thought into a very rarified atmosphere, and that he creates a white-heat intensity impossible to sustain. (70-71)

따라서 예이츠는 육신의 세계를 떠나 영적 존재로 승화하여 그곳에 영구히 체류하지 못하고 필연적으로 또다시 현실의 땅을 밟는 것이다. 그러나 그가 그 자신도 한 인간인 이상 현실의 갈등의 범주를 벗어날 수 없다는 엄연한 사실을 재인식함으로써 현실적인 인간의 갈등적 생존 질서를 긍정적으로 수용할 기틀을 마련한 것은 비잔티움 여행의 값진 터득이자 소득이다. 이를 두고 코웰(Raymond Cowell)은 제기된 문제의 해결은 없어도 비잔티움 시편의 위대성이 젊음의 세계와 비잔티움 세계를 모두 지극히 솔직하게 표현한 데 있으며, 시인이 생성의 세계에 너무 깊이 빠져 헤어날 수 없을 정도라고 말한다.

만일 이것이 모두 그의 영혼의 '노래 선생들'이라면, 비잔티움의 모자이크 성현들은 저 나라의 소홀함과 거부로 야기된 문제들이 미결 상태로 있음을 그에게 가르쳐 줄 수 있을 것이다. 이 작품을 위대한 시로 만들어 주는 것은 이 시의 극도의 솔직성이다. 젊은이의 세계와 비잔티움의 세계가 솔직하게 제시되어 있다. 양 세계는 모두 아름답다. 그러나 시인의 생식의 세계에 대한 충직함은 너무나 깊이 파고들어서, 그가 아무리 빠져나오고 싶다 할지라도 빠져나올 수가 없다.

If this is all the 'singing-masters' of his soul, the Byzantine mosaic sages, can teach him the problems caused by that country's neglect and rejection remain unsolved. What makes this a great poem is its supreme honesty; both the world of the young and the world of Byzantium are presented honestly; they are both beautiful, but the poet's allegiance to the world of generation goes too deep to be rooted out, however much he might want to. (78-79)

이렇게 볼 때, 예이츠의 발전은 육적인 삶을 뿌리치고 영원한 이상 질서에 합류하려던 바로 그 정신세계의 절정에서 육적 삶에 대한 긍정적인 인식과 함께 현실로 선회할 게기를 나련한 섬에 있다. 그는 이제 인간의 삶이란 영육의 정반요소의 복합체이며 거기서 생기는 갈등의 힘에 의존한다는 이원론 사상을 완전히 수용함으로써, 현실의 삶 속에서 완전한 삶을 구가할 자세를 갖춘 것이다. 요컨대, 예이츠는 처음에는 현실을 떠난 이상세계만을 좇아 "얻을 수 없기에 잃을 수도 없는 안전한 이상향"(Harris 11)인 비잔티움을 세웠지만, 끝에 이르러서는 도피보다는 완성을 강조하고 영과 육을 함께 갖추고 살기를 터득하려는 한층 더 복잡한 과제를 제시하기에 이르렀다(Rajan 27).

THE TOWER

I

What shall I do with this absurdity —
O heart, O troubled heart — this caricature,
Decrepit age that has been tied to me
As to a dog's tail?
                                        Never had I more
Excited, passionate, fantastical
Imagination, nor an ear and eye
That more expected the impossible —
No, not in boyhood when with rod and fly,
Or the humbler worm, I climbed Ben Bulben's back
And had the livelong summer day to spend.
It seems that I must bid the Muse go pack,
Choose Plato and Plotinus for a friend
Until imagination, ear and eye,
Can be content with argument and deal
In abstract things; or be derided by
A sort of battered kettle at the heel.

탑

윤정묵

I

이 부조리를 어찌할까—
아 마음이여, 아 괴로운 마음이여—이 우스꽝스러운
모습을, 개꼬리에 매달린 듯 나에게 달라붙은
늙어빠진 나이를?
　　　　　　　　　　나는 이보다 더 흥분된,
정열적인, 환상적인 상상력을 가져본 적도,
그리고 불가능한 것들을 이보다 더 기대하는
귀나 눈을 가져본 적도 없었다—
결코, 낚싯대와 파리, 혹은 더 하찮은 벌레를 가지고
벤 불벤 산등성이에 올라 길고 긴 여름날을
보내던 소년 시절에는 이렇진 않았다.
뮤즈 여신에게 가버리라고 말하고,
상상력, 귀와 눈이
논쟁으로 만족하고 추상적인
것들을 다룰 수 있을 때까지
플라톤과 플로티너스를 친구로 택하든지, 아니면
발뒤축에 매달린 찌그러진 주전자 같은 것에게
조롱당할 수밖에 없을 것 같다.

II

I pace upon the battlements and stare
On the foundations of a house, or where
Tree, like a sooty finger, starts from the earth;
And send imagination forth
Under the day's declining beam, and call
Images and memories
From ruin or from ancient trees,
For I would ask a question of them all.

Beyond that ridge lived Mrs. French, and once
When every silver candlestick or sconce
Lit up the dark mahogany and the wine,
A serving-man, that could divine
That most respected lady's every wish,
Ran and with the garden shears
Clipped an insolent farmer's ears
And brought them in a little covered dish.

Some few remembered still when I was young
A peasant girl commended by a song,
Who'd lived somewhere upon that rocky place,
And praised the colour of her face,
And had the greater joy in praising her,

II

나는 탑 위 흉벽을 거닐며 집터나,
혹은 나무가 그을린 손가락처럼
땅에서 솟아난 곳을 내려다본다.
그리고 기울어가는 햇살 아래
상상력을 내보내어
폐허 혹은 오랜 나무들로부터
이미지들과 기억들을 불러낸다.
그들 모두에게 한 가지 묻고 싶어서다.

저 산마루 너머에는 프렌치 부인이 살았고,
언젠가 모든 은촛대 벽촛대들이
어두운 마호가니 가구와 포도주를 비출 때,
저 가장 존경받는 부인의 모든 소원을
알아챌 수 있었던 한 하인이
달려가서 전지가위를 가지고
무례한 농부의 귀를 잘라
뚜껑 덮은 작은 접시에 담아 왔다.

내 젊었을 때 몇몇은 저 바위 많은 곳
어디에선가 살던, 노래로 칭송되던
한 농부의 딸을 아직도 기억했다.
그들은 그녀 얼굴빛을 칭찬했고,
그녀를 칭찬하면서 더 큰 기쁨을 느꼈다.

Remembering that, if walked she there,
Farmers jostled at the fair
So great a glory did the song confer.

And certain men, being maddened by those rhymes,
Or else by toasting her a score of times,
Rose from the table and declared it right
To test their fancy by their sight;
But they mistook the brightness of the moon
For the prosaic light of day—
Music had driven their wits astray—
And one was drowned in the great bog of Cloone.

Strange, but the man who made the song was blind;
Yet, now I have considered it, I find
That nothing strange; the tragedy began
With Homer that was a blind man,
And Helen has all living hearts betrayed.
O may the moon and sunlight seem
One inextricable beam,
For if I triumph I must make men mad.

And I myself created Hanrahan
And drove him drunk or sober through the dawn
From somewhere in the neighbouring cottages.

그 노래가 그처럼 큰 영예를 주었기에
그녀가 장터를 걸어가기만 하면
농부들이 앞 다투어 몰려들던 것을 기억했다.

그리고 어떤 자들은 그 노래에 미쳐서,
아니면 그녀를 위해 스무 번이나 건배하면서,
자리에서 일어나 그들의 환상을 그들의 눈으로
확인하는 것이 옳다고 단언했다.
그러나 그들은 환한 달빛을
낮의 평범한 빛으로 착각하여—
음악이 그들의 정신을 어지럽게 했기에—
한 사람은 클룬의 큰 늪에서 익사하고 말았다.

이상하지만, 그 노래를 만든 자는 장님이었다.
그러나 지금 생각해 보면, 이상할 것이 하나도
없다. 비극은 장님이었던
호머와 더불어 시작되었고,
헬렌은 모든 살아 있는 마음들을 배신했다.
아 달과 햇빛이 한 줄기
뒤엉킨 빛으로 보였으면 좋으련만.
내가 승리하려면 사람들을 미치게 해야 하니까.

그리고 나 자신은 한라한을 창조하여
취했건 안 취했건 새벽녘에 근처 오두막집들
어디인가로부터 그를 내보냈다.

Caught by an old man's juggleries
He stumbled, tumbled, fumbled to and fro
And had but broken knees for hire
And horrible splendour of desire;
I thought it all out twenty years ago:

Good fellows shuffled cards in an old bawn;
And when that ancient ruffian's turn was on
He so bewitched the cards under his thumb
That all but the one card became
A pack of hounds and not a pack of cards,
And that he changed into a hare.
Hanrahan rose in frenzy there
And followed up those baying creatures towards —

O towards I have forgotten what — enough!
I must recall a man that neither love
Nor music nor an enemy's clipped ear
Could, he was so harried, cheer;
A figure that has grown so fabulous
There's not a neighbour left to say
When he finished his dog's day:
An ancient bankrupt master of this house.

Before that ruin came, for centuries,

그는 어떤 노인의 마술에 빠져
비틀거리고, 넘어지고, 여기저기 더듬거리고,
돈벌이와 무섭도록 화려한 욕망 때문에
무릎이 깨어질 뿐이었다.
나는 그 모든 것을 20년 전에 생각해 냈다.

패거리들은 낡은 헛간에서 카드를 뒤섞고 있었다.
그 늙은 악당의 차례가 되었을 때
그는 엄지손가락 밑의 카드에게 마술을 걸어
한 장을 빼고 나머지는 모두 카드가 아닌
한 무리의 사냥개로 바꾸었다.
그리고 그 한 장은 산토끼로 바꾸었다.
그러자 한라한은 미친 듯 일어나
짖어대는 짐승들 뒤를 따라 어디론가 쫓아갔다—

아, 어디로였는지는 잊어버렸다— 그만하면 됐다!
지금 내가 기억해야 하는 한 사람, 그는
너무나 괴로워서 사랑도 음악도 적의 잘린 귀도
그의 마음을 즐겁게 할 수 없었다.
그는 너무 전설적인 인물이 되어버려서
그가 언제 그의 개 같은 날을 마쳤는지
말해 줄 이웃 하나 남아 있지 않다.
이 집의 파산한 옛 주인.

그렇게 망하기 전, 수 세기 동안,

Rough men-at-arms, cross-gartered to the knees
Or shod in iron, climbed the narrow stairs,
And certain men-at-arms there were
Whose images, in the Great Memory stored,
Come with loud cry and panting breast
To break upon a sleeper's rest
While their great wooden dice beat on the board.

As I would question all, come all who can;
Come old, necessitous, half-mounted man;
And bring beauty's blind rambling celebrant;
The red man the juggler sent
Through God-forsaken meadows; Mrs. French,
Gifted with so fine an ear;
The man drowned in a bog's mire,
When mocking muses chose the country wench.

Did all old men and women, rich and poor,
Who trod upon these rocks or passed this door,
Whether in public or in secret rage
As I do now against old age?
But I have found an answer in those eyes
That are impatient to be gone;
Go therefore; but leave Hanrahan,
For I need all his mighty memories.

무릎까지 십자형 각반을 하거나 혹은 철구두를
신은 거친 무사들이 좁은 계단을 올라 다녔다.
그리고 어떤 무사들의 이미지는
대기억 속에 저장되어 있다가
큰 소리로 숨을 헐떡이며 나타나서는
커다란 나무주사위를 탁자 위에 부딪히며
잠든 자의 휴식을 깨우곤 했다.

그들 모두에게 묻고 싶으니, 누구든지 오라.
오라, 늙고 가난한 속옷 차림의 남자여.
그리고 눈먼 방랑하는 미의 사제를 데려오라.
마술사가 신에게 버림받은 초원으로 보낸
그 빨간 머리의 사나이, 그처럼
훌륭한 귀를 선물 받은 프렌치 부인,
조롱하는 뮤즈 여신들이 그 시골 처녀를 선택했을 때
늪의 수렁에 빠져 죽은 그 사나이.

이 바위들 위를 거닐었거나 이 문을 지나쳤던
모든 늙은 남자와 여자들은, 부자거나 가난하거나,
여러 사람 앞에서나 혹은 비밀리에, 내가 지금
그러하듯이 늙음에 대해 분노했던가?
그러나 나는 빨리 사라지고 싶어 안달하는
저 눈들 속에서 해답을 찾았으니,
갈 테면 가거라. 그러나 한라한은 남겨 둬라.
내 그의 모든 거대한 기억들이 필요하니까.

Old lecher with a love on every wind,
Bring up out of that deep considering mind
All that you have discovered in the grave,
For it is certain that you have
Reckoned up every unforeknown, unseeing
Plunge, lured by a softening eye,
Or by a touch or a sigh,
Into the labyrinth of another's being;

Does the imagination dwell the most
Upon a woman won or woman lost?
If on the lost, admit you turned aside
From a great labyrinth out of pride,
Cowardice, some silly over-subtle thought
Or anything called conscience once;
And that if memory recur, the sun's
Under eclipse and the day blotted out.

III

It is time that I wrote my will;
I choose upstanding men
That climb the streams until
The fountain leap, and at dawn

바람이 불 때마다 사랑을 한 호색가여,
그 깊이 생각하는 마음으로부터 그대가
무덤 속에서 발견한 모든 것들을 끌어내라.
그대가 마음을 녹이는 눈과 혹은
감촉과 한숨에 유혹되어, 미리 알지도 못하고
보지도 못하면서 타인의 존재의
미궁 속으로 뛰어들었던 일들을
일일이 세어 보았음이 확실하니까.

상상력이 가장 잘 머무는 것은
얻은 여인에게 혹은 잃은 여인에게인가?
만일 잃은 여인에게라면, 그대가 하나의
거대한 미궁으로부터 돌아선 것은
오만, 비겁, 어떤 어리석은 지나치게
예민한 생각, 혹은 한때 양심이라고
부른 어떤 것 때문이었음을 인정하라.
그리고 기억이 되살아나면, 태양의
일식으로 대낮이 깜깜해진다는 것을.

III

지금은 내가 유언장을 써야 할 때.
샘이 솟는 곳까지 시냇물을
따라 올라가 새벽녘에
물방울 떨어지는 바위 곁에서

Drop their cast at the side
Of dripping stone; I declare
They shall inherit my pride,
The pride of people that were
Bound neither to Cause nor to State,
Neither to slaves that were spat on,
Nor to the tyrants that spat,
The people of Burke and of Grattan
That gave, though free to refuse—
Pride, like that of the morn,
When the headlong light is loose,
Or that of the fabulous horn,
Or that of the sudden shower
When all streams are dry,
Or that of the hour
When the swan must fix his eye
Upon a fading gleam,
Float out upon a long
Last reach of glittering stream
And there sing his last song.
And I declare my faith:
I mock Plotinus' thought
And cry in Plato's teeth,
Death and life were not
Till man made up the whole,

낚싯줄을 던지는 올곧은 사람들을
나는 선택한다. 그들이야말로 나의 긍지를
이어받을 것이라고 나는 선언한다.
대의명분에도 국가에도,
침 뱉음을 당한 노예에게도
침을 뱉은 폭군에게도 얽매이지
않았던 사람들, 마음대로 거절할 수
있었음에도 주기만 했던
버크와 그라탄의 사람들의 긍지—
쏜살같은 빛이 느슨해질 때의
아침의 긍지 같은,
혹은 전설의 뿔의 긍지 같은,
혹은 모든 시냇물이 마를 때
갑자기 내리는 소나기의 긍지 같은,
혹은 백조가 사라져가는
빛에 시선을 고정시킨 채,
반짝이는 시냇물이 멀리 끝나는
곳까지 떠가서 그곳에서
최후의 노래를 불러야 하는
그때의 긍지와 같은 긍지를.
그리고 나는 나의 신념을 선언한다.
나는 플로티너스의 사상을 조롱하고
플라톤에 반대해서 소리친다.
인간이 그의 괴로운 영혼으로부터
전부를 만들어 낼 때까지는,

Out of his bitter soul,
Aye, sun and moon and star, all,
And further add to that
That, being dead, we rise,
Dream and so create
Translunar Paradise.
I have prepared my peace
With learned Italian things
And the proud stones of Greece,
Poet's imaginings
And memories of love,
Memories of the words of women,
All those things whereof
Man makes a superhuman
Mirror-resembling dream.

As at the loophole there
The daws chatter and scream,
And drop twigs layer upon layer.
When they have mounted up,
The mother bird will rest
On their hollow top,
And so warm her wild nest.

자물쇠, 개머리판, 총신 모두를,
그렇다, 해와 달과 별 모두를 만들 때까지는
죽음과 삶은 존재하지 않았다.
거기에 덧붙여 말하자면,
우리는 죽어 다시 일어나고,
꿈꾸며 그렇게 달 저편의
낙원을 창조한다.
내가 배운 이탈리아의 것들과
자랑스러운 그리스의 돌들,
시인이 상상하는 것들과
사랑의 기억들,
여인들의 말들에 대한 기억들,
사람이 초인간적인
거울과 같은 꿈을 만드는
그 모든 것들을 가지고
나는 내 평화를 준비해 왔다.

마치 저기 탑의 총안에서
갈가마귀들이 지저귀고 소리지르고
잔가지들을 겹겹이 떨어뜨리듯.
가지들이 높이 쌓이게 되면
어미 새는 그 움푹한 꼭대기에
내려앉아서 그 야생의
둥우리를 따뜻하게 할 것이다.

I leave both faith and pride
To young upstanding men
Climbing the mountain side,
That under bursting dawn
They may drop a fly;
Being of that metal made
Till it was broken by
This sedentary trade.

Now shall I make my soul,
Compelling it to study
In a learned school
Till the wreck of body,
Slow decay of blood,
Testy delirium
Or dull decrepitude,
Or what worse evil come —
The death of friends, or death
Of every brilliant eye
That made a catch in the breath —
Seem but the clouds of the sky
When the horizon fades;
Or a bird's sleepy cry
Among the deepening shades.

나는 신념과 긍지 모두를
밝아오는 새벽에
파리 낚싯줄을 던지기 위해
산허리를 오르는
올곧은 젊은이들에게 남겨준다.
나도 이렇게 앉아서 쓰는 일로 인해
부서져 버릴 때까지는
그러한 금속으로 만들어졌기에.

이제 나는 내 영혼이 학문의
전당에서 공부하도록 하면서
나의 죽음을 준비해야겠다.
그렇게 되면 육체의 파멸,
피의 완만한 쇠퇴,
과민한 정신 착란
혹은 따분한 노쇠,
혹은 그보다 더한 어떤 불행이 와도—
친구들의 죽음, 혹은
숨을 멈추게 하는
모든 빛나는 눈의 죽음 같은—
단지 지평선이 희미해질 때의
하늘의 구름처럼 보일 것이다.
혹은 짙어가는 나무 그늘 속
한 마리 새의 졸리는 소리처럼.

《해설》

예이츠가 1928년에 출판한 시집 『탑』(*The Tower*)과 같은 이름의 제목을 갖고 있는 이 시는 그러한 의미에서 이 시집을 대표하는 작품이라고 할 수 있다. 이 시와 시집의 제목으로 쓰이고 있는 탑이 여기에서뿐만 아니라 『탑』에 이어 출판된 시집 『나선 계단과 기타의 시들』(*The Winding Stair and Other Poems*)에서도 주요 상징적 이미지로 사용되고 있는 것을 보면, 그것이 예이츠의 후기 시에서 차지하고 있는 위치와 비중을 이해할 수 있다. 물론 이 탑은 실제로 아일랜드의 서부 골웨이(Galway) 근처에 존재하고 있는 투르 발릴리(Thoor Ballylee)를 가리킨다. 과거 노르만(Norman) 시대에 군사적인 수비의 목적으로 세워진 이 탑은 1917년 초 예이츠가 아일랜드 정부로부터 구입하여 대대적인 수리를 한 후 주로 여름철에 거주함으로써 그의 실제적인 주거지가 된 동시에 그의 시에 있어서도 중요한 이미지의 하나로 자리 잡게 된다.

모두 3부로 되어 있는 이 작품은 먼저 제1부에서 작품의 주제인 늙음의 문제, 즉 육체의 노쇠와 그럼에도 불구하고 점점 강렬해지는 상상력 사이의 부조화 혹은 갈등의 주제를 제시하고, 제2부에서는 그 주제를 시인이 서 있는 탑과 그 주변에 살았던 과거 사람들의 기억과 관련시킨 후, 마지막 제3부에서는 육체적 노쇠가 가져올 죽음을 예감하는 시인이 시인으로서의 긍지와 믿음을 노래하고 있다. 제1부에 제시된 육체적 늙음의 문제는 비단 이 시에서뿐만 아니라 이 시기의 다른 작품들에서도 다루어지고 있는 주제로서, 이는 그 문제가 시인에게 있어서 하나의 위기적 상황으로 인식되고 있음을 말해 준다. 왜냐하면 이 시 바로 앞에 놓여 있는 시 「비잔티움 항행」("Sailing to Byzantium")에서 노래하고 있듯이 현대 사회는 이 시의 화자처럼 젊음을 상실한 노인들이 살아갈 수 있는 곳이 아니어서 비록 그가 강렬한 상상력으로 시를 쓴다고 해도 그의 노쇠한 육체 때문에 사람들로부터 조롱받기 십상이기 때문이다. 그렇다고 노인의 노쇠한 육체에 걸맞게 "뮤즈 여신에게 가버리라고 말하고" 플라톤과 플로티너스의 철학적 논쟁에나 매달릴 수도 없는 것은, 늙어가는 육체에도 불구하고 점점 강렬해지는 상상력이 그렇게 하도록 내버려두지 않기 때문이다. 이것이 바로 제1부가 노래하고 있는 "부조리" 혹은 갈등의 내용이다.

제2부는 이러한 문제에 직면한 시인이 탑 위에 올라 주위를 둘러보며 "상상력을 내보내어" "이미지들과 기억들을 불러"내는 내용을 다루고 있다. 그가 그것들을 불러내는 것은 우선 그것들이 탑과 그 주변의 지역과 관련된 것들이기 때문이고, 보다 중요하게는, 그것들을 불러내어 자신이 지금 직면하고 있는 문제에 대해 물어보려는 것 때문이다. 즉 그의 상상력이 불러내는 인물들 역시 지금의 자신처럼 늙음에 대해 분노하고 한탄했는지를 물어보려는 것이다. 이어 시인 화자는 그들 가운데에서도 자신이 창조한 인물이면서 특히 사랑에 능하였던 한라한만을 남게 한 후 그에게 "상상력이 가장 잘 머무는 것은 / 얻은 여인에게 혹은 잃은 여인에게인가?"라고 묻는다. 이 질문은 예이츠가 거의 평생에 걸쳐 사랑한 여인이면서도 끝내 "잃은 여인"이 되고 만 모드 곤과의 관계에 대해 묻고 있는 것으로 볼 수 있고, 그녀에 대한 사랑과 좌절이 시인으로서의 그의 삶에 얼마만큼 큰 영향력을 주었던가를 말해 준다.

이처럼 제2부에서 탑과 그 주변에 살았던 다양한 인물들과 시인 자신이 창조한 한라한, 그리고 모드 곤까지 포함한 여러 인물들에 대한 기억을 통하여 자신이 지금 직면하고 있는 절박한 문제에 대한 해답을 찾아보려는 시도를 보여준 시인은 다음 제3부에서 이제 자신의 유언장을 쓸 시간이 되었다고 말한다. 육체적 노쇠가 필연적으로 가져올 죽음을 생각하면 당연한 말이지만, 그가 시로 써서 남기고자 하는 유언이란 다름 아닌 시인으로서의 "긍지"와 "믿음"이다. 그리고 이러한 긍지와 믿음은 여러 자연의 이미지들과 인간들, 그리고 인간이 창조한 예술품들을 통하여 표현된다. 새벽 시냇물에 낚싯줄을 던지는 "올곧은 c사람들"과 버크와 그라탄과 같은 18세기 영국계 아일랜드인들, 소유자가 원하는 것이면 무엇이든지 준다는 전설적인 풍요의 뿔과 고대 그리스와 르네상스 이탈리아의 자랑스러운 예술품들, 그리고 여명의 아침과 황혼녘의 구름들과 가문 날의 소나기, 시냇물 위를 멀리 떠가서 최후의 노래를 부르는 백조와 잔가지들을 모아 새끼들을 위한 둥우리를 짓는 갈가마귀 등, 그 모든 것들이 어우러져 시인이 마지막으로 이 세상에 남기고자 하는 유언의 내용을 이룬다.

그러나 제3부에서 시인이 노래하고 있는 시인으로서의 긍지와 믿음이 결국 자신의 늙어가는 육체나 쇠락한 탑처럼 무너지는 것들 속에서도 인간의 상상력과 그 산물인 예술은 영원히 죽지 않고 살아남으리라는 그의 확신에서 비롯한다고 할 때, 이미 앞의 제2부에서 시인은 그러한 사실을 확인한 것으로 볼 수 있다. 자신이 존경하는 부인의 소원을 상상만으로 알아채고 가위로 무례한 농부의 귀를 잘라 그녀에게 갖다 바치는 하인, 눈먼 상태에서도 시골처녀의 아름다움을 노래하여 그 노래를 들은 사람들이 그녀를 보기 위하여 앞 다투어 몰려들게 한 시인, 그 노래에 취한 나머지 환한 달빛을 햇빛으로 착각하여 늪에 빠져 죽은 사나이, 그리고 카드를 사냥개와 산토끼로 바꿔버린 노인의 마술에 빠져 그 짐승들을 뒤쫓아 간 한라한 등은 바로 상상력의 놀라운 힘을 보여준 예들로 볼 수 있고, 모드 곤조차도 그에게 많은 고통과 아픔을 주었던 그만큼 그의 상상력을 키워 주었던 여인이기 때문이다.

Cast a cold Eye
On Life, on Death.
Horseman, pass by!
W. B. YEATS
June 13th 1865
January 28th 1939

예이츠의 비문

MEDITATIONS IN TIME OF CIVIL WAR

Ⅰ. Ancestral Houses

Surely among a rich man's flowering lawns,
Amid the rustle of his planted hills,
Life overflows without ambitious pains;
And rains down life until the basin spills,
And mounts more dizzy high the more it rains
As though to choose whatever shape it wills
And never stoop to a mechanical
Or servile shape, at others' beck and call.

Mere dreams, mere dreams! Yet Homer had not sung
Had he not found it certain beyond dreams
That out of life's own self-delight had sprung
The abounding glittering jet[1]; though now it seems
As if some marvellous empty sea-shell flung
Out of the obscure dark of the rich streams,
And not a fountain, were the symbol which
Shadows the inherited glory of the rich.

1) The abounding glittering jet: 예이츠의 작품에서 힘차게 뿜어져 나오는 분수는 들끓는 생명력과 자유분방한 삶의 표상이다.

내전기(內戰期)의 명상

김철수

Ⅰ. 조상들의 저택

어느 부자의 조경 산에 나뭇잎 살랑이고,
꽃피는 잔디정원엔 생명이 넘실대네.
야심 친 고통의 흔적이라곤 찾아볼 수 없고,
폭우처럼 쏟아지는 생명이 분수대 흘러넘치네.
타인의 손짓이나 부름에 따라
기계적인 또는 비굴한 모양 취하는 일 없이
자신의 의지대로 다채로운 모양 선택하려는 듯,
더 많이 내릴수록 더 높이 아득하게 치솟아 오르네.

그것은 단지 꿈, 꿈에 불과할 뿐!
하지만 호머는 노래하지 않았으리,
풍요의 눈부신 물줄기가 분출하는 것은[1)]
생명 그 자체의 즐거움에서 비롯된다는 사실을,
이건 꿈을 넘어선 진실임을, 인식하지 못했더라면.
부자들의 물려받은 영광 그림자처럼 비추는 상징,
지금 그것은 분수가 아니라
풍요로운 바다의 흐릿한 어둠 속에 내던져진
경이롭고 텅 빈 바다고둥인 듯이 여겨지네.

Some violent bitter man, some powerful man
Called architect and artist in, that they,
Bitter and violent men, might rear in stone
The sweetness that all longed for night and day,
The gentleness none there had ever known;
But when the master's buried mice can play.
And maybe the great-grandson of that house,
For all its bronze and marble, 's but a mouse.

O what if gardens where the peacock strays[2)]
With delicate feet upon old terraces,
Or else all Juno from an urn displays
Before the indifferent garden deities;
O what if levelled lawns and gravelled ways
Where slippered Contemplation finds his ease
And Childhood a delight for every sense,
But take our greatness with our violence?

What if the glory of escutcheoned doors,
And buildings that a haughtier age designed,
The pacing to and fro on polished floors
Amid great chambers and long galleries, lined

---

2) gardens where the peacock strays: 이 부분은 옥스퍼드 근처 가싱턴(Garsington)에 있는 모렐 여사(Lady Ottoline Morell)의 저택과 정원에 대한 추억을 담고 있다.

격렬하고 매서운 어떤 인간이, 어떤 강력한 인간이
건축가와 예술가를 불러들였지,
모든 이들이 밤낮으로 갈망하는 감미로움을,
어느 누구도 경험해 보지 못한 부드러움을,
격렬하고 매서운 인간들인 그들이,
돌로 곧추세우게 하기 위하여.
그러나 주인이 묻히고 나면
생쥐들은 나놀아 다닐 수 있을 테고,
어쩌면 그 집 종손도,
청동 대리석 그 모든 조형물들에도 불구하고,
단지 쥐새끼 같은 인간으로 전락할지도 모르지.

공작새가 가녀린 발로 헤매고 다니는[2)]
오래된 테라스와 정원들,
유골 항아리의 주노 조각상이
무심한 정원신들에게 펼쳐 보이는 그 모든 것들,
'사색'이 실내화 신고 편안하게 돌아다니고,
어린시절 모든 감각에 기쁨으로 다가갔던
평평한 잔디밭과 자갈 깔린 길들,
아, 이 모든 것들이
위대함의 표상이자 폭력의 표상일 뿐이라면?

방패 문양이 새겨진 호화로운 문들,
격조 높은 시대에 디자인한 건물들,
널따란 방과 선조들의 초상화가 걸린 긴 주랑들,

With famous portraits of our ancestors;
What if those things the greatest of mankind
Consider most to magnify, or to bless,
But take our greatness with our bitterness?

Ⅱ. My House[3]

An ancient bridge, and a more ancient tower,
A farmhouse that is sheltered by its wall,
An acre of stony ground,
Where the symbolic rose can break in flower,
Old ragged elms, old thorns innumerable,
The sound of the rain or sound
Of every wind that blows;
The stilted water-hen
Crossing Stream again
Scared by the splashing of a dozen cows;

A winding stair, a chamber arched with stone,
A grey stone fireplace with an open hearth,
A candle and written page.
Il Penseroso's Platonist[4] toiled on
In some like chamber, shadowing forth

3) 1917년에 드 뷔르고(de Burgo) 가문의 낡은 탑 '투르 발릴리'(Thoor Ballylee)를 사들인 예이츠는 그것을 보수하여 여름 별장으로 사용하기 시작한다.

윤기 나는 바닥 위에서의 서성임,
더 더욱 웅장하게 보이기 위해, 혹은 축복해 주려고,
위대한 인간들조차도 안간힘을 썼던 이 모든 것들이
위대함의 표상이자 폭력의 표상일 뿐이라면?

Ⅱ. 나의 집[3)]

오래된 다리, 그보다 더 오래된 탑,
탑에 착 달라붙어 보호받는 농가,
1에이커 너비의 돌투성이 땅,
상징적인 장미는
거기에서도 꽃봉오리 터트릴 수 있다네.
주름투성이 늙은 느릅나무들,
헤아릴 수 없이 많은 가시나무들,
비 듣는 소리,
바람결 살랑살랑 흐르는 소리,
장다리 눌떼새는
여남은 마리 소들의 첨벙이는 물소리에 깜짝 놀라
또다시 시내를 가로지르네.

나선형 계단, 활처럼 휜 아치형 돌방,
회색 돌 벽난로의 열린 아궁이,
촛불 한 자루와 펼쳐진 책장.
「사색적인 인간」의 플라톤주의자는[4)]

4) *Il Penseroso's* Platonist: 밀턴의 「사색적인 인간」(*Il Penseroso*)의 서술자와도 같은

How the daemonic rage
By pen and paper lies,
Imagined everything.
Benighted travellers
From markets and from fairs
Have seen his midnight candle glimmering.

Two men have founded here. A man-at-arms
Gathered a score of horse and spent his days
In this tumultuous spot,
Where through long wars and sudden night alarms
His dwindling score and he seemed castaways
Forgetting and forgot;
And I, that after me
My bodily heirs[5] may find,
To exalt a lonely mind,
Befitting emblems of adversity.

Ⅲ. My Table

Two heavy trestles, and a board
Where Sato's gift[6], a changeless sword,

플라톤주의자를 말한다.

5) My bodily heirs: 앤(Anne: 1919년 2월 26일 생)과 마이클(Michael: 1921년 8월 22일 생)을 말한다.

6) Sato's gift: 예이츠의 시와 강연에 심취했던 한 일본인 외교관 사토(당시에 그는 샌프란시스코 주재 일본 영사였다고 한다)가 예이츠에게 보검 한 자루를 선물한

이와 비슷한 방 어디에선가
다이몬적 열광에 사로잡힌 이가 상상했던 것 모두를
그림자의 형태로나마 보여주려고 안간힘을 썼지.
읍내로 장 보러 갔다가
밤늦은 시각에 돌아오는 이들은
한밤중 그의 촛불이 가물대는 광경을 보곤 하였지.

두 사람이 여기에 터를 닦았다. 어떤 전사가
스무 남은 명의 기마병을 모아 한평생을 보냈지,
이 격변의 장소에서.
오랜 전쟁과 한밤중의 갑작스런 기습공격들,
줄어드는 기병대도 그도
이제는 잊고 잊혀진 표류자인 듯.
그리고 나도, 내 뒤에 오는
육체의 후손들이,
외로운 마음 드높이기 위하여,
역경의 적절한 표상을 발견할 수 있도록.

Ⅲ. 나의 테이블

육중한 두 다리, 그 위에 널판 하나,
그 위에는 사토의 선물[6], 불변의 검이
펜과 종이 옆에 놓여 있다네,

다. 이 검은 오백여 년 전 그의 가문에서 만들어 전해 내려오는 것이었다. 가문의 영광이 깃든 가보를 선뜻 받아들일 수 없었던 예이츠는 사토의 아들이 태어나면 그 검을 그 아들에게 넘겨주겠다는 내용의 유언장을 작성하겠다며 검을 받는다.

That it may moralise
My days out of their aimlessness.
A bit of an embroidered dress
Covers its wooden sheath.
Chaucer had not drawn breath
When it was forged. In Sato's house,
Curved like new moon, moon-luminous
It lay five hundred years.
Yet if no change appears
No moon; only an aching heart
Conceives a changeless work of art.
Our learned men have urged
That when and where 'twas forged
A marvellous accomplishment,
In painting or in pottery, went
From father unto son
And through the centuries ran
And seemed unchanging like the sword.
Soul's beauty being most adored,
Men and their business took
The soul's unchanging look;
For the most rich inheritor,
Knowing that none could pass Heaven's door
That loved inferior art,
Had such an aching heart

나의 나날들을 무목적성에서 건져내어
도덕으로 무장시키기 위하여.
수놓인 천 한 조각이 나무칼집을 감싸고,
그 검을 벼를 당시
초서는 아직 태어나지 않은 상태였지.
달처럼 흰,
달처럼 은은하게 빛을 발하는 이 검은
사토의 저택에 오백 년 동안 놓여 있었네.
하지만 변화가 없다면 달인들 존재할 수 있으랴.
오로지 고통 받는 마음만이
불변의 예술품을 구상할 수 있다네.
학식 있는 사람들은 촉구하지,
그림이건 도자기이건
경이로운 예술품이 제작될 때면
언제 어디서나 그 예술품이
아버지로부터 아들에게로 전수되고
몇 세기에 걸쳐 전해 내려오는 동안에
검처럼 변치 않을 듯이 보여야 한다고.
영혼의 아름다움을 가장 숭배하기에
사람도 그들이 하는 일도
영혼의 변치 않는 모습에 도달하였지.
심지어는 가장 풍요로운 계승자조차도,
열등한 예술을 사랑하는 자는 어느 누구도
천국문 통과할 수 없음을 인식하고는,
그토록 고통스런 마음을 간직하였지,

That he, although a country's talk
For silken clothes and stately walk,
Had waking wits; it seemed
Juno's peacock[7] screamed.

Ⅳ. My Descendants

Having inherited a vigorous mind
From my old fathers[8], I must nourish dreams
And leave a woman and a man[9] behind
As vigorous of mind, and yet it seems
Life scarce can cast a fragrance on the wind,
Scarce spread a glory to the morning beams,
But the torn petals strew the garden plot;
And there's but common greenness after that.

And what if my descendants lose the flower
Through natural declension of the soul,
Through too much business with the passing hour,
Through too much play, or marriage with a fool?
May this laborious stair and this stark tower
Become a roofless ruin that the owl

---

7) Juno's peacock: 『비전』(*A Vision*)에서 예이츠는 그리스-로마 문명이 소멸할 때 "불멸의 상징"인 주노의 공작새가 비명을 지르는 것으로 서술한 바 있다(268).

8) my old fathers: 예이츠의 부친, 조부, 증조부 모두가 더블린 소재 트리니티 대학(Trinity College)에서 수학한 엘리트들이다.

명주옷과 품위 있는 걸음걸이에 대한
시골 사람들의 찬사에 아랑곳 않고
깨어 있는 마음을 잃지 않았지.
그래서 주노의 공작새가[7] 비명을 지르는 것처럼 여겨졌다네.

Ⅳ. 내 후손들

선친들에게서[8] 활기찬 마음 물려받았기에
나는 꿈을 일구며 내 뒤에 남겨야겠지.
그처럼 활기찬 마음의 사내아이와 여자아이를[9]
하지만 인생은 바람결에 향기 날리는 일도,
아침 햇살에 영광 펼치는 일도 좀처럼 없을 듯하고,
대신에 찢겨진 꽃잎들이 화단을 더럽히고,
그러고 나면 평범한 푸르름만 남아 있을 뿐.

나의 후손들이,
영혼의 자연스런 이탈로 인하여,
흐르는 세월과의 지나친 접촉으로,
놀이에 너무나 깊이 빠져든 나머지,
또는 바보와의 혼인으로 인하여,
꽃을 상실하게 된다면?
이 힘겨운 계단과 이 삭막한 탑이
지붕 없는 폐허가 되어,

---

9) a woman and a man: 앤(Anne Yeats)과 마이클(Michael Yeats).

May build in the cracked masonry and cry
Her desolation to the desolate sky.

The Primum Mobile[10] that fashioned us
Has made the very owls in circles move;
And I, that count myself most prosperous,
Seeing that love and friendship are enough,
For an old neighbour's friendship[11] chose the house
And decked and altered it for a girl's love,[12]
And know whatever flourish and decline
These stones remain their monument and mine.

Ⅴ. The Road at My Door

An affable Irregular,[13]
A heavily-built Falstaffian man,[14]
Comes cracking jokes of civil war
As though to die by gunshot were
The finest play under the sun.

A brown Lieutenant and his men,[15]

---

10) Primum Mobile: 프톨레미(Ptolemy) 천문학 체계에 의하면, 천체의 중심인 지구 내부에는 아홉 개의 영역이 동심원적으로 존재하면서 회전한다. 동심원상의 이 영역들을 회전시키는 회전 동인이 바로 '프리멈 모빌'이다.

11) for an old neighbour's friendship: 레이디 그레고리의 장원은 투르 발릴리에서 보행거리에 있었다 한다.

12) a girl's love: 조지 예이츠(Georgie Yeats)에 대한 사랑을 말함.

올빼미가 부서진 석조건물 사이에 깃을 치고
황량한 하늘 향해 황량한 외침 쏘아 올리기를.

인간을 창조한 '최초의 동인[10]'은
올빼미들조차도 원을 그리며 날게 했다네.
대단한 성공을 거두었다고 자부하는 나는
사랑과 우정만으로 충분하다고 생각하고는
늙은 이웃의 우정을 위해[11] 이 집을 선택하고
한 여자의 사랑을[12] 위해 수리하고 장식하였네.
앞으로 흥망이 주마등처럼 펼쳐진다 해도
이 돌들은 남아 그들과 나의 기념비가 되리.

V. 대문 앞 도로

사근사근한 비정규군[13]
폴스타프처럼 우람한 체격의 어떤 사내가[14]
내선과 관련된 농지거리하며 다가오네,
총 맞아 죽는 것이
태양 아래서 가장 멋진 연기라도 되는 양.

갈색 제복의 장교와 부하들이[15]

---

13) Irregular: 아일랜드 공화군. 1922년 가을 공화군은 '투르 발릴리' 근처의 다리를 폭파한다.

14) Falstaffian: 셰익스피어의 극 『헨리 4세』(*Henry the Fourth*)와 『윈저궁의 바람둥이 아낙네들』(*Merry Wives of Winsor*)에 등장하는 코믹한 인물 폴스타프에 빗댄 표현.

15) A brown Lieutenant and his men: '아일랜드 자유국'(Irish Free State) 병사들을 말함. 그 당시 '아일랜드 자유국'은 임시정부의 성격을 띠고 있었던 것 같다.

Half dressed in national uniform,
Stand at my door, and I complain
Of the foul weather, hail and rain,
A pear-tree broken by the storm.

I count those feathered balls of soot
The moor-hen guides upon the stream,
To silence the envy in my thought;
And turn towards my chamber, caught
In the cold snows of a dream.

Ⅵ. The Stare's Nest by My Window[16)]

The bees build in the crevices
Of loosening masonry, and there
The mother birds bring grubs and flies.
My wall is loosening; honey-bees,
Come build in the empty house of the stare.

We are closed in, and the key is turned
On our uncertainty; somewhere
A man is killed, or a house burned,
Yet no clear fact to be discerned:

---

16) 'stare'란 아일랜드 서부지방에서 starling(찌르레기) 대신에 사용하던 말로, 그 당시 예이츠가 머물던 탑의 침실 창문 아래 갈라진 벽에다 깃을 치고 있었다 한다.

— 웃통은 벗어젖혔다 —
내 집 문 앞에 서 있고,
나는 불평을 늘어놓는다,
궂은 날씨와 우박과 비에 대하여,
폭풍에 부러진 배나무에 대하여.

생각 속에 깃든 시샘 지우기 위해,
엄마쇠물닭 따라가는 새끼쇠물닭 헤아리다가,
내 방을 향해 걸어간다네,
꿈속 차가운 눈 맞으며.

Ⅵ. 창가 찌르레기의 보금자리[16)]

벌은 허물어져 가는 석조건물 틈바구니에 집을 짓고,
엄마새들은 지렁이와 파리를 물어오네.
나의 집 벽이 느슨해지고 있다. 꿀벌들아,
어서 찌르레기의 텅 빈 집에 깃을 치려마.

우리는 고립되고,
우리의 불확실성엔 자물쇠가 굳게 채워져 있다.
어디에선가 어떤 사내가 살해되었다느니,
집이 불탔다느니, 말들이 무성하지만,
분명한 사실은 알 길이 없다.

Come build in he empty house of the stare.

A barricade of stone or of wood;
Some fourteen days of civil war;
Last night they trundled down the road
That dead young soldier in his blood:
Come build in the empty house of the stare.

We had fed the heart on fantasies,
The heart's grown brutal from the fare;
More substance in our enmities
Than in our love; O honey-bees,
Come build in the empty house of the stare.

Ⅶ. I See Phantoms of Hatred and of the Heart's Fullness and of the Coming Emptiness

I climb to the tower-top and lean upon broken stone,
A mist that is like blown snow is sweeping over all,
Valley, river, and elms, under the light of a moon
That seems unlike itself, that seems unchangeable,
A glittering sword out of the east. A puff of wind
And those white glimmering fragments of the mist sweep by.
Frenzies bewilder, reveries perturb the mind;
Monstrous familiar images swim to the mind's eye.

어서 찌르레기의 텅 빈 집에 깃을 치려마.

돌로 또는 나무로 만든 바리케이드,
열나흘 여 동안 지속된 내전,
지난밤 그들은 길 아래로 굴려 보냈지,
피투성이로 죽은 젊은 병사의 시체를.
어서 찌르레기의 텅 빈 집에 깃을 치려마.

우리는 우리 가슴에 환상의 먹이를 주어 왔고,
저잣거리에서 굴러먹다보니 짐승처럼 되어버렸다.
그래서 사랑보다 적의에 더 많이 끌리는 것이다.
오 꿀벌들아,
어서 찌르레기의 텅 빈 집에 깃을 치려마.

Ⅶ. 증오와 충만과 공허의 환영들

탑에 올라 부서진 벽에 몸을 기대니,
눈보라 같은 희멀건 안개가 온 천지를,
강과 계곡과 느릅나무들을 휩쓸고 있다,
동양의 눈부신 검과도 같이
변할 것 같아 보이지 않는 달빛 아래서.
희뿌연 안개 조각들이 강풍에 실려
휘익 소리 내며 지나간다.
광란으로 격해진 마음,
환상이 내 마음 어지럽히고,

'Vengeance upon the murderers,' the cry goes up,
'Vengeance for Jacques Molay.'[17] In cloud-pale rags, or in lace,
The rage-driven, rage-tormented, and rage-hungry troop,
Trooper belabouring trooper, biting at arm or at face,
Plunges towards nothing, arms and fingers spreading wide
For the embrace of nothing; and I, my wits astray
Because of all that senseless tumult, all but cried
For vengeance on the murderers of Jacques Molay.

Their legs long, delicate and slender, aquamarine their eyes,
Magical unicorns bear ladies on their backs.
The ladies close their musing eyes.[18] No prophecies,
Remembered out of Babylonian almanacs,
Have closed the ladies' eyes, their minds are but a pool
Where even longing drowns under its own excess;
Nothing but stillness can remain when hearts are full
Of their own sweetness, bodies of their loveliness.

---

17) '명상수도회'(The Templars)는 1118년에 창단된 전투적 성격의 수도회로, 1312년에 이단으로 몰려 해체된다. 이 수도회의 단장(Grand Master)이었던 자크 몰레이(Jacques Molay: b. 1244)는 1307년에 체포되어 1314년 3월 화형에 처해진다. 예이츠에게 그는 증오와 황폐의 표상이었다. 예이츠가 서술하는 바에 의하면, 이 명상수도회의 의식은 18세기에 석공노동조합의 의식에 통합되고, 통합 과정에서 그것은 계급 갈등과 계급 증오심을 증폭시키는 주요 요인이 된다(Yeats's note). 예이츠의 시에서 이들의 사고체계는 "청동 매"로, 즉 이데올로기에 단단히 얽매인 기계적인 사물로 재현되며, 예이츠는 이에 대비되는 직관의 표상으로 나비의 이미지를 제시한다.

괴물과도 같은 친숙한 이미지들이
심안을 향해 헤엄쳐 다가오는구나.

"살인자들에게 복수를," 악에 받친 외침들.
"자크 몰레이를 위하여 복수를."[17]
구름처럼 엷은 천 조각 혹은 레이스 조각 두른,
광란으로 내몰린, 광란으로 고통 받는, 광란에 굶주린 무리들이,
세차게 밀고 당기는 기사단 무리들이,
팔과 얼굴을 물어뜯으며, 허공을 향해 곤두박질친다.
그 모든 어처구니없는 격동으로 정신이 혼미해진 나는
하마터면 자크 몰레이 살해자들을 향한 복수를 외칠 뻔했다.

길고 가녀린 우아한 다리, 청록색 눈망울,
마계의 유니콘이 아가씨들을 등에 실어 나르네.
아가씨들은 생각에 잠겨 눈을 감는다.[18]
바빌론 예언서에 기록된 예언들 때문이 아니다.
그들의 마음은
갈망조차도 갈망의 과잉으로 인해 익사하는
그런 연못과도 같은 것일 뿐.
가슴이 달콤함으로, 몸이 사랑스러움으로 넘쳐날 때면,
고요와 정적만이 남겨질 뿐.

---

18) 17-19행 Their legs long, delicate and slender, aquamarine their eyes, ...: 이 이미지는 예이츠의 저택의 거실 벽면에 걸려 있던 구스타프 모로(Gustave Moreau)의 그림 <숙녀와 유니콘>(*Ladies and Unicorns*)을 재현한 것이라 한다(Henn, *The Lonely Tower* 255). 직관의 표상인 이 숙녀들은 논리의 표상인 청동 매와 극명하게 대비된다.

The cloud-pale unicorns, the eyes of aquamarine,
The quivering half-closed eyelids, the rags of cloud or of lace,
Or eyes that rage has brightened, arms it has made lean,
Give place to an indifferent multitude, give place
To brazen hawks[19]. Nor self-delighting reverie,
Nor hate of what's to come, nor pity for what's gone,
Nothing but grip of claw, and the eye's complacency,
The innumerable clanging wings that have put out the moon.

I turn away and shut the door, and on the stair
Wonder how many times I could have proved my worth
In something that all others understand or share;
But O! ambitious heart, had such a proof drawn forth
A company of friends, a conscience set at ease,
It had but made us pine the more. The abstract joy,
The half-read wisdom of daemonic images,
Suffice the ageing man as once the growing boy.

1923

---

19) brazen hawks: 급강하하면서 일순간 먹이를 낚아채는 매는 기계적 논리의 표상이다. "청동 매"(brazen hawks)의 이미지는 32행의 "징소리"(clanging)와 더불어 기계적 논리의 부정적 측면을 극명하게 부각시킨다. 창조적인 인간들을 궁지로 몰면서 주관성의 미덕[미학]을 말살하는, 이데올로기에 매몰된 자들의 귀청 찢는 자기주장은 「재림」("The Second Coming")에서처럼, 앞으로 전개될 2천년 문명의 텅 빈 공허를 사전에 예시해 보여주는 것이다.

구름처럼 창백한 유니콘들, 청록색 눈망울들,
반쯤 잠긴 떨리는 눈꺼풀, 구름 조각 혹은 레이스 조각들,
분노로 불을 밝힌 눈, 분노로 수척해진 팔,
이 모두가 무관심한 군중들로 대치된다, 청동 매들로[19] 대치된다.
자신을 즐겁게 하는 환상도, 다가올 일들에 대한 증오도,
사라져 버린 것들에 대한 연민도 내비치는 일 없이,
마수(魔手)처럼 움켜쥔 손, 자기만족만을 탐하는 눈,
달을 지워 버린 수많은 새들의 떠들썩한 날갯짓들만 남아 있을 뿐.

뒤돌아 문을 닫고 계단 위에서 상념에 잠긴다.
다른 이들이 이해하는 다른 이들과 공유하는 가치를
나는 몇 번이나 증명해 보여줄 수 있었던가?
하지만, 아! 야심 찬 마음이여, 그러한 증명으로
몇몇 친구들이 더 생기고 양심이 한결 편해졌다 한들
갈망 때문에 우리는 더욱더 애태웠을 테지.
추상적 환희,
절반밖에 이해되지 않는 다이몬적 이미지들의 지혜,
한때 그것이 자라나는 소년에게 만족을 주었듯이
노쇠해 가는 내게도 위안이 되기를!

《해설》

1921년 12월, '아일랜드 자유국'(Irish Free State) 정부와 영국 정부 사이에 향후 아일랜드의 지위와 관련된 '협정'(Treaty)이 체결되고,

그 협정은 이듬해 1월 7일 아일랜드 국회의 동의를 얻는다. 그러자 이몬 드 발레라(Eamonn de Valera)가 이끄는 공화주의자들은 이 협정을 즉각 거부하며, 공화주의자들과 연방주의자들 간의 갈등은 내전으로 치닫는다. 그러므로 주로 1922~1923년의 '아일랜드 내전'(Irish Civil War)기에 지은 것으로 알려진 이 시는 아일랜드 독립운동에 깊이 관여했던 시인이 품격 높은 귀족적 전통이 파괴 말살되는 역사적 상황을 바라보며 인간과 역사와 예술에 대해 사색하는 형식으로 전개된다.

「탑」이 '탑'의 상징성을 부각시키는 데 주력한 반면, 이 시에서는 가공할 역사적 상황과 "조상들의 저택"이란 배경 속에서 '탑'이 조감된다. 처음에는 질서의 상징들에 대한 사색이 이어지다가("ancestral houses", "tower", "changeless sword"), 전쟁의 상흔들이 구체적으로 나열되고("broken wall", "house burned", "dead young soldier in his blood"), 마지막으로 "다가올 공허"의 비전을 보여준 뒤에("indifferent mulitude", "brazen hawks"), 마법 탐구에 대한 의지를 재천명하면서 시는 종결된다. 질서의 상징인 '탑'이 "무심한 군중들" 속에 고립된 가운데 풍요와 부드러움의 상징인 달은 "청동 매들"의 "떠들썩한 날갯짓"으로 인하여 그 은은한 빛을 완전히 차단당하는 것이다.

이 시를 지은 직후에 예이츠 자신은 이 시에 대해 "철학적인 시가 아니라 평화와 희망의 상실을 노래한 단순하고 열정적인 시"라고 논평했다지만(Unterecker, *Reader's Guide* 177), 이 시를 단순한 시라고 얘기할 수는 없을 것 같다. 첫 시 「조상들의 저택」에서부터 아름다움과 부드러움에 대한 철학적 사색이 흠뻑 묻어나기 때문이다. 아름다움과 부드러움은 편안한 환경에서 자연스럽게 생겨나는 것이 아니라 온갖 역경을 이겨낸 "격렬한" 무사의 의지의 소산이다. "위대함"이란 한편으로는 "폭력과 쓰라림"을, 다른 한편으로는 "아름다움과 부드러움"을 축으로 한 이 둘의 결합체란 생각은 여섯 번째 시편의 꿀벌 이미지를 통해 또다시 반복된다.

「조상들의 저택」에 이어지는 세 편의 시, 「나의 집」, 「나의 테이블」, 「내 후손들」에서는 저택을 짓고 정원을 조성하고 품격 높은 전통을 확립했던 조상들의 권위와 함께 가치 창조와 유지에 수반되는 긴장에 초점이 모아진다. 저택을 지은 선조들의 에너지뿐만 아니라 그 전통을 유지하려는 후손들의 의무감에도 긴장이 존재하기 마련이다. 「나의 집」에서는 전사와 시인의 유사성과 함께 차이점 또한 강하게 암시된다. 전사의 투쟁은 외면적 물리적 힘과 관계되는 것임에 반하여 시인의 투쟁은 내면적 정신적인 것이다. 전사는 "오랜 전쟁"과 "한밤중의 갑작스런 비상소집들"을 견디어 내며 질서의 표상인 탑을 조성했던 데 반하여, 시인은 후손들의 "마음 드높일 수 있는" 지혜의 표상들을 만들어 내어야 한다. 전사는 지리적으로도 정치적으로도 표류자의 신세로 전락한 지 오래다. 예이츠에게 남겨진 것은 "외로운 마음"뿐, 후손들에게 물려줄 것이라고는 외로운 마음이 만들어 내는 정신적 유산이다.

「나의 테이블」에서는 질서와 품위와 지속의 상징으로 "사토의 선물, 불변의 검"이 제시된다. 불변의 검을 "펜과 종이"와 병치시킴으로써 비극적 주인공과 시인의 유사성을 이끌어 내는 한편, 사토의 검에 기대어 죽음의 위협에 기초를 둔 전사의 권위를 요구하는 것이다. 검으로 표상되는 가문의 전통과 지속성 그리고 피얼직 자아창조에 몰입하는 시인의 "고통스런 마음"은 중산계급의 천박한 물질주의와 모순 대립 관계로 설정되고 있다.

여섯 번째 시 「창가 찌르레기의 보금자리」에는 내전으로 붕괴된 공동체와 함께 시인의 조각난 마음이 갈라진 건물 벽으로 표상된다. 그리고 토지와 저택을 빼앗긴 영국계 아일랜드인들의 처지와 시인의 텅 빈 마음은 찌르레기의 텅 빈 보금자리를 통해 재현되는 한편, 생산적인 노동과 유기적인 삶을 향한 시인의 염원은 꿀벌의 이미지를 통해 표출된다.

마지막 시편 「증오와 충만과 공허의 환영들」의 첫 연에서 탑 꼭대기의 “부서진 돌”에 기대어 달을 바라보는 시인은 처음에는 그것을 “동양에서 온 번쩍이는 검”으로 인식한다. 그러나 연무(煙霧)가 달을 가려버리자 그의 심안을 가득 채우는 것은 괴물과도 같은 친숙한 이미지들이다. 그 이미지들은 1910년을 전후한 시기에 예이츠가 보여주었던 중산계급에 대한 분노와 환멸감이 한층 더 심화된 형태로 재현된 것이라 할 수 있다. 제2연의 분노에 굶주린 광란의 무리들은 몰레이의 처형에 항의하며 폭동을 일으키는 중세 민중들의 이미지이자, 앵글로-아이리시가 지배력을 강화하던 18세기에 귀족계급을 공격하며 저택을 불지르는 프리메이슨리 단원들의 이미지이다. 또 그것은 ‘앵글로-아이리시 지배력’(Anglo-Irish Ascendency)을 박탈하는 가톨릭 민족주의자들의 표상이기도 하다. 그래서 길들일 수 없을 만치 완강한 이 환상 앞에서 제3연의 초월적 비전은 오래 지탱되지 못하고, 제4연 초반부에 오면 광란의 무리와 모순 대립 관계를 유지하다가, “청동 매”와도 같은 “무심한 군중들”의 이미지로 대치된다. 달을 가리는 수많은 새들의 “떠들썩한 날갯짓”이 번쩍이는 검의 생산적 폭력을 송두리째 부정하는 것이다. 이 연을 휩쓰는 무심한 군중들은 순전히 “타자성과 부정의 맥락에서” 인식되고 있다(North, *Political Aesthetic* 58).

이 시 전반에 대한 해설주에서 예이츠 자신이 암시한 바 있듯이(*Colleced Poems* 534), 마지막 시편에 설정된 초월적 비전과 파괴적 폭력의 대립은 마지막 연에서 “직관”(intuition)과 “논리”(logic)의 대립으로 바뀐다. 플라톤주의자의 ‘마스크’(mask)를 쓰고 기계적 사유와 논리를 안티테제로 설정함으로써 시인은 영국적 물질주의와 그에 편승하여 기승을 부리는 가톨릭 중산계급에 맞서고자 하는 것일까? ‘투르 발릴리’(Thoor Ballylee)를 질서의 상징으로 설정하고 거기에 뿌리내리려는 예이츠의 노력은 역사적 현실에서 패배한 영국계 아일랜드인들이 정신의 영역에서나마 자신들의 정체성을 재천명하려는 의도와 맥을 같이하는 것이었다.

로버트 그레고리가 그린 투르 발릴리
(그림의 구도를 위해 오두막집의 위치를 바꾸었다.)

NINETEEN HUNDRED AND NINETEEN

I

Many ingenious lovely things are gone
That seemed sheer miracle to the multitude,
Protected from the circle of the moon
That pitches common things about. There stood
Amid the ornamental bronze and stone
An ancient image made of olive wood—
And gone are Phidias' famous ivories
And all the golden grasshoppers and bees.

We too had many pretty toys when young:
A law indifferent to blame or praise,
To bribe or threaf; habits that made old wrong
Melt down, as it were wax in the sun's rays;
Public opinion ripening for so long
We thought it would outlive all future days.
O what fine thought we had because we thought
That the worst rogues and rascals had died out.

All teeth were drawn, all ancient tricks unlearned,
And a great army but a showy thing;

1919년

허현숉

I

많은 순수하고 아름다운 것들이 사라진다
대중들에게는 그저 기적으로 여겨지고
평범한 것들 주변에 드리웠던
달의 운행에서 보호되었던 것들이. 장식적인
청동과 돌 사이에 올리브나무로 만들어진
오랜 이미지가 서 있었는데—
그리고 피디아스의 저 유명한 상아들도
황금으로 된 메뚜기들과 벌들 그 모두 사라졌구나.

우리 또한 어릴 적에 많은 어여쁜 장난감들을 가졌었네
비난이나 칭찬, 매수나 협박에
무심한 법률, 오랜 잘못을 마치 햇실 속의 촛농처럼
녹아내리게 한 관습들,
너무나 오래 되어서 미래에도
여전히 살아 있을 것이라 생각했던 농익어가던 여론들.
최악의 불량배들과 악한들이 이미 죽어 사라졌다고 생각하므로
아, 우리 무슨 아름다운 생각을 지녔을까.

이는 모두 빠져버렸고, 옛날의 잔꾀도 전혀 전수되지 않았어,
그리고 대단한 군대도 그저 그럴 듯한 것에 불과하지.

What matter that no cannon had been turned
Into a ploughshare? Parliament and king
Thought that unless a little powder burned
The trumpeters might burst with trumpeting
And yet it lack all glory; and perchance
The guardsmen's drowsy chargers would not prance.

Now days are dragon-ridden, the nightmare
Rides upon sleep: a drunken soldiery
Can leave the mother, murdered at her door,
To crawl in her own blood, and go scot-free;
The night can sweat with terror as before
We pieced our thoughts into philosophy,
And planned to bring the world under a rule,
Who are but weasels fighting in a hole.

He who can read the signs nor sink unmanned
Into the half-deceit of some intoxicant
From shallow wits; who know no work can stand,
Whether health, wealth or peace of mind were spent
On master-work of intellect or hand,
No honour leave its mighty monument,
Has but one comfort left: all triumph would
But break upon his ghostly solitude.

대포 한 방 쟁기 날로 변하지 않았다니
무슨 상관이겠는가? 의회와 왕실에서는
약간의 화약이라도 발사하지 않는다면
나팔 부는 사람들은 나팔 불어 폭발할 수도 있을 것이나
여전히 영광은 없을지도 모른다고 여겼지. 그래서 아마
수비병들의 졸음에 겨운 장전기들이 날뛰지 않았던 모양이야.

지금은 나날이 용에 휘둘리고, 악몽이
잠을 타고 달린다. 술 취한 군인은 어머니가
문 앞에서 피살되어 피를 흘리며 기어 다니다
세금에서 자유로워지게 그냥 두고 떠날 수 있다.
우리가 우리의 생각을 철학으로 꿰뚫고
세상을 하나의 법칙 아래 두려 계획했던
예전처럼 밤은 폭력으로
땀을 흘릴 수 있네. 그런데 우린 결국
구멍 속에서 싸우는 족제비에 불과하지.

상징들을 읽을 수는 있지만 사람 하나 없이
얄팍한 재치에서 약간은 자극적인 것에
반쯤 속아 넘어가지도 못하는 자, 어떤 일도
버텨 낼 수 없다는 것을 아는 자,
건강도, 부유함도 마음의 평화도 지성이나 손의 기념비에 쏟아지든 말든,
명예는 그 강력한 기념비를 남기지 않고 그저
모든 승리는 유령 같은 고독으로
돌연 나타날 것이라는 한 조각 위안을 남길 뿐.

But is there any comfort to be found?
Man is in love and loves what vanishes,
What more is there to say? That country round
None dared admit, if such a thought were his,
Incendiary or bigot could be found
To burn that stump on the Acropolis,
Or break in bits the famous ivories
Or traffic in the grasshoppers or bees.

II

When Loie Fuller's Chinese dancers enwound
A shining web, a floating ribbon of cloth,
It seemed that a dragon of air
Had fallen among dancers, had whirled them round
Or hurried them off on its own furious path;
So the Platonic Year
Whirls out new right and wrong,
Whirls in the old instead;
All men are dancers and their tread
Goes to the barbarous clangour of a gong.

III

Some moralist or mythological poet

그런데 어떤 위안을 찾을 수 있기는 한 걸까?
인간은 사라지는 것과 사랑에 빠져 그것을 사랑하니,
더 이상 말할 게 무엇 있나? 저 나라 어디를 둘러보아도
아무도 감히 인정하지 않았다, 그런 생각이 그의 것이었는지,
아크로폴리스에서 그것에 불붙일 것이나 단단한 것을 찾아
저 유명한 상아들을 조각내거나 메뚜기들이나 벌들 속에
오갈 수 있기나 한지를.

II

로이 풀러의 중국 무용단원들이
반짝이는 거미줄, 떠다니는 리본 조각을 휘감았을 때,
그건 마치 공중의 용 한 마리가
무용수들 사이에 내려온 것 같았고,
그들 주변을 휘돌다
격렬한 길 위로 그들을 내모는 것 같았네.
그렇게 플라톤의 해는
새로운 옳음과 나쁨을 내뿜으면서
대신 구식의 것들 속에서 휘돌아 감기네.
모든 사람들은 춤꾼이고 그들의 발걸음은
야만적인 종소리에 맞춰 따라가네.

III

어떤 도덕가나 신화적인 시인은

Compares the solitary soul to a swan;
I am satisfied with that,
Satisfied if a troubled mirror show it,
Before that brief gleam of its life be gone,
An image of its state;
The wings half spread for flight,
The breast thrust out in pride
Whether to play, or to ride
Those winds that clamour of approaching night.

A man in his own secret meditation
Is lost amid the labyrinth that he has made
In art or politics;
Some Platonist affirms that in the station
Where we should cast off body and trade
The ancient habit sticks,
And that if our works could
But vanish with our breath
That were a lucky death,
For triumph can but mar our solitude.

The swan has leaped into the desolate heaven:
That image can bring wildness, bring a rage
To end all things, to end
What my laborious life imagined, even

외로운 영혼을 백조에 비유하지.
나는 그런 것에 만족한다네,
문제 있는 거울이 그것을 보여준다 해도
그 생명의 잠깐 비추이는 빛이 사라지기 전
그 상태의 이미지에 만족한다네.
날아가려고 반쯤 펼친 날개,
다가오는 밤의 소리를 다해 내는 저 바람들을
희롱하려는 것이든 타고 가려는 것이든
당당하게 내민 가슴.

자신만의 은밀한 명상 속에 잠긴 사람은
예술이든 정치든
그가 만든 미궁 속에 마음을 잃지.
어떤 플라톤주의자는
우리가 몸과 일을 벗어던져야 하는
역에서는 과거의 관습이 달라붙어 있고
우리 일이 그저 우리의 숨결과 함께 사라질 수만 있다면
그것이 바로 운 좋은 죽음이라는 것을 인정하지,
승리는 우리의 고독을 망가뜨리기나 할 수 있을 따름이니.

백조는 황막한 하늘로 뛰어들었네.
그 이미지는 황야를 떠올릴 수 있지, 모든 사물들에
종말을 고하는, 내 수고로운 인생이 상상했던,
심지어는 반쯤 상상하고 반쯤은 쓰기도 했던
글들에 종말을 고하는,

The half-imagined, the half-written page;
O but we dreamed to mend
Whatever mischief seemed
To afflict mankind, but now
That winds of winter blow
Learn that we were crack-pated when we dreamed.

IV

We, who seven years ago
Talked of honour and of truth,
Shriek with pleasure if we show
The weasel's twist, the weasel's tooth.

V

Come let us mock at the great
That had such burdens on the mind
And toiled so hard and late
To leave some monument behind,
Nor thought of the levelling wind.

Come let us mock at the wise;
With all those calendars whereon
They fixed old aching eyes,

분노를 일으키기도 하지.
아, 그런데 우리는 어떤 해악이든
인간을 괴롭히는 것처럼 보이는 것들을
고치려는 꿈을 가졌지만,
지금 겨울바람 불어 우리 꿈꾸었을 때는
머리가 깨어졌다는 것을 알게 될 뿐.

Ⅳ

우리, 7년 전
명예와 진실에 대해 얘기를 나눴는데,
족제비의 뒤틀림을, 족제비의 이빨을
우리가 보여주면 기뻐 비명을 내지른다.

Ⅴ

자, 우리 이제
마음에 부담을 갖고 그렇게 열심히
기념비를 뒤에 남기려 늦게까지 애쓰면서도
평평하게 해버리는 바람에 대해 생각도 안했던
저 위대한 사람들을 조롱하자.

저 현명한 사람들을 조롱하자.
늙어 아픈 눈을 고정해 놓고
바라보던 달력들이 있어도

They never saw how seasons run,
And now but gape at the sun.

Come let us mock at the good
That fancied goodness might be gay,
And sick of solitude
Might proclaim a holiday:
Wind shrieked-and where are they?

Mock mockers after that
That would not lift a hand maybe
To help good, wise or great
To bar that foul storm out, for we
Traffic in mockery.

VI

Violence upon th roads: violence of horses;
Some few have handsome riders, are garlanded
On delicate sensitive ear or tossing mane,
But wearied running round and round in their courses
All break and vanish, and evil gathers head:
Herodias' daughters have returned again,
A sudden blast of dusty wind and after
Thunder of feet, tumult of images,

계절이 어떻게 가는지 알지도 못하고 그저
태양을 향해 하품이나 했던 저들을.

자 저 선한 사람들을 조롱하자
선이 즐거울 수 있는 것이라 생각하고
고독을 지겨워하면서
휴일을 공표하기도 했던 저들을.
바람은 비명소리 내지르는데, 그런데 그들은 어디로 간 것일까?

그런 후 조롱하는 자들을 조롱하라
선한 자, 현명한 자, 위대한 사람들을 도우려,
저 거친 폭풍우를 막으려
손 하나 들어올리지 않은 저들을. 왜냐하면
우리는 조롱을 거래하니.

VI

길 위의 폭력. 말들의 폭력.
몇몇 얼마 안 되는 것들에는 훌륭한 말꾼들이 있고
섬세하고 예민한 귀와 휘날리는 갈퀴에 화환을 둘렀다.
그러나 늘 가는 길을 돌고 도느라 지쳐 빠져
모두 깨어져 사라지니, 악이 머리를 모으는구나.
헤로디아의 딸들이 다시 돌아와
갑자기 먼지바람 휘몰아치고
말발굽 소리 요란한 천둥과 이미지들의 소동 뒤,

heir purpose in the labyrinth of the wind;
And should some crazy hand dare touch a daughter
All turn with amorous cries, or angry cries,
According to the wind, for all are blind.
But now wind drops, dust settles; thereupon
There lurches past, his great eyes without thought
Under the shadow of stupid straw-pale locks,
That insolent fiend Robert Artisson
To whom the love-lorn Lady Kyteler brought
Bronzed peacock feathers, red combs of her cocks.

《해설》

이 시는 아일랜드의 독립운동이 격하게 일어났던 1919년을 배경으로 삼고 있다. 아일랜드 공화군(Irish Republican Army: IRA)을 중심으로 한 이 해의 아일랜드의 독립운동은 특히 영국 군인들로 구성되었던 '블랙 앤 탠'(Black and Tans)과 충돌하면서 이전과 비교할 수 없을 정도의 폭력으로 이어졌고, 결국 1922년 남부에 한정되기는 했지만 아일랜드 공화국으로 독립하는 계기가 되었다. 예이츠는 이러한 혼란스러운 아일랜드 현실 속에서 예술이 어떤 의미를 지니는지를 커다란 과제로 숙고하고 있었음을 『탑』의 시 작품들 속에서 드러내고 있다. 이 작품 「1919년」은 현실과의 관계에서 예술은 그리 큰 힘이 없다는 것을 암시하고 있다. 폭력으로 넘쳐나는 현실 속에서 예술이 아무런 역할을 할 수 없다는 것을 예이츠는 자신의 언어로 한탄하고 있는 것이다. 그가 올리비아 셰익스피어에게 쓴 편지에서 말한 대로 희망과 그들의 목적은 바람의 미로 속.
그리하여 몇 미치광이의 손길이 감히 딸 한 명을 만지려 하면
모두 호색의 고함소리나 화난 소리를 지르며 돌아선다,
바람에 따라, 모두 눈이 멀었으므로.
그런데 지금 바람이 자고 먼지도 가라앉는다.
사랑으로 외로운 카이텔러가 청동으로 만든
공작새의 날개와 수탉의 붉은 볏을 바친
거들먹거리는 원수 로버트 아티손이
멍한 짚풀의 희부연 머리 타래의 그림자 아래
생각 없는 커다란 눈을 하고 비틀거리며 지난다.

평안이 사라지는 것에 대해 한탄하는 어조가 그 자신의 시 예술의 한계에 대한 한탄으로 표현되고 있는 것이다. 그런데 이 작품의 특징은 현실에 대한 예술의 한계를 한탄하는 주제에 있기보다는 그것을 말하는 방식에 있다. 아일랜드와 영국 및 유럽 역사와 문학에서 가져온 다양한 인유들로 인해서 이 작품은 다소 간단하게 전달될 수도 있는 주제를 역사적으로나 문학사적으로 다양한 맥락에서 전달하고 있다. 기원전 5세기의 '피디아'(Phidias), 아테네 여성들의 머리 장식에 대해 기록한 바 있는 '투키디데스'(Thucydides), 제1차 세계대전 이후 영국과 아일랜드 사이의 싸움에 대한 비유, 미국 무용가인 로이 풀러의 인유 등이 이 시의 주제 전개를 보다 더 다양하고 넓은 구조에서 이해하게 하는 요소들이다. 거기에다 테니슨의 작품에 대한 패러디, 셸리의 작품과 브라우닝의 작품에서 이미 등장한 바 있는 백조의 이미지를 그가 다시 사용하여 그들과는 다른 의미를 부여하고 있는 점, 14세기 아일랜드 킬커니에서 악마의 영혼으로 여겨졌던 로버트 아티손에 대한 인용,

그리고 14세기의 마녀로 알려진 앨리스 카이틀러에 대한 인유 등을 통해 예이츠는 폭력으로 넘쳐나는 현실에서 예술의 무력함을 역사 및 신화, 그리고 설화적 구조에까지 닿도록 설정하고 있는 것이다. 이러한 다양한 인유들은 예술이 결국에는 현실 속에 뿌리내려 그것에 대해 발언해야 하는 것임을 실증해 보이는 한편, 그 주제를 풍부한 시적 은유와 과감한 문학사적 인유들을 통해 드러냄으로써 예술의 힘을 역설적으로 강조하고 있다.

개오동나무(catalpa tree) 아래에 앉아 있는 그레고리 부인(1927)

THE WHEEL

Through winter-time we call on spring,
And through the spring on summer call,
And when abounding hedges ring
Declare that winter's best of all;
And after that there's nothing good
Because the spring-time has not come —
Nor know that what disturbs our blood
Is but its longing for the tomb.

더블린 중앙 우체국(1916년의 부활절봉기가 일어났던 장소이다.)

바퀴

김주성

겨울 내내 우리는 봄을 노래했지,
그리고 봄 내내 여름을 기다렸고,
그러다 두툼한 울타리가 울면
누가 뭐래도 겨울이 최고라고 말들을 한다.
그 뒤로는 아무것도 좋은 것이 없다고 말한다
왜냐하면 아직 봄이 오지 않았기에—
우리의 피를 끓게 하는 것은
무덤을 향한 우리의 갈망뿐이라는 것을 모르고 있기에.

《해설》

이 시는 1921년 9월 13일에 완성되어 1922년에 출판된 『일곱 편의 시와 미완성의 시』(*Seven Poems and a Fragment*)에 처음 수록이 되었다. 끝이 없이 반복되는 순환 또는 윤회의 의미로 바퀴가 사용되었으며, 현재 인간이 가지고 있는 것에 대한 불만과 가지지 못한 미래에 대한 이상화 등이 계속 반복되는 것을 표현했다. 이러한 반복은 영원한 불만족을 야기하며 결국 우리 인간이 죽음에 이르기까지 벗어나지 못하는 숙명인 셈이다.

YOUTH AND AGE

Much did I rage when young,
Being by the world oppressed,
But now with flattering tongue
It speeds the parting guest.

슬라이고 드럼클리프에 있는 예이츠의 무덤에서 바라보이는 벤 불벤

청춘과 노년

오한욱

젊었을 땐 세상이 나를 짓눌러
화를 참 많이 냈었지만
이제 세상은 아양 떠는 말로
떠나는 길손의 발걸음을 재촉하네.

《해설》

그저 편한 마음으로 읽으면 되는 시이다. 예이츠가 태어나 성장하면서 겪은 아일랜드의 정치사회적 상황은 그의 정치 시들에 잘 나타나 있다. 그러니 화도 많이 날 수밖에 없었고 세상에 대한 울분이 어느 정도 사라지자 시인은 늙어 있는 자신의 모습을 본다. 나이가 들면 세월이 훨씬 빨리 간다고 느낀다. 그것도 아양 떠는 말로 발길음을 재촉하니 길손의 세상 떠남은 가까워질 수밖에.

이 시는 1924에 쓴 작품으로 1924년 발행된 『고양이와 달과 시』(*The Cat and the Moon and Certain Poems*)에 수록되어 있다. 1924년은 『비전』(*A Vision*)의 마무리시기로 역사와 철학에 관한 서적을 탐독하던 예이츠는 고혈압으로 고생하기도 했다. 그해 11월에 시실리 섬을 방문한 적이 있는 예이츠는 이 시를 쓰기 1년 전인 1923년에 노벨문학상을 수상했다.

THE NEW FACES

If you, that have grown old, were the first dead,
Neither catalpa tree nor scented lime
Should hear my living feet, nor would I tread
Where we wrought that shall break the teeth of Time.
Let the new faces play what tricks they will
In the old rooms; night can outbalance day,
Our shadows rove the garden gravel still,
The living seem more shadowy than they.

《해설》

1912년 12월에 쓴 시로 『일곱 편의 시와 미완성의 시』(*Seven Poems and a Fragment*)에 수록되어 있다. 1896년 예이츠가 31세 때 처음 만났을 때 레이디 그레고리는 45세였다. 레이디 그레고리는 누구였던가. 예이츠와 함께 아일랜드 문예 극장과 애비 극장을 설립하여 아일랜드 문예부흥 운동을 주도했던 극작가 겸 민속학자였다. 그리고 아일랜드 문예부흥 운동에 참여한 사람들이 자주 모여 그들의 꿈을 실현할 계획을 세우던 모임을 가졌던 장소가 쿨 정원이다.

그녀의 도움으로 쿨 정원에서 머물며 시를 쓰던 시절을 떠올리면서 이 시를 읽으면 이해가 쉬울 것이다. 잎이 넓은 오동나무는 쿨 정원에 있는 벤치에 멋진 그림자를 드리우고, 그 아래에서 사색하며 시를 쓰거나 레이디 그레고리와 이야기를 나누기도 했다. 그리고 쿨 정원을 둘러싼 회색빛 긴 담은 바다의 소금기로부터 정원의 꽃들을 보호하는

새로운 얼굴들

오한욱

늙은 그대가 먼저 죽는다면
개오동나무도 향기로운 라임나무도
내 생생한 발소리 듣지 못하고
시간의 이빨을 부수려 작업했던 곳도 내 밟지 않으리.
새로운 얼굴들이 저 오래된 빙에서
장난치며 놀게 하라. 밤이 낮을 압도할 수 있기에
우리의 그림자가 아직 정원의 자갈길을 배회하고
살아 있는 자들이 그림자보다 더 어두워 보이기에.

역할을 했고 이 아름다운 쿨 정원 자갈길을 거닐며 시와 희곡을 쓴 예이츠. 그대 레이디 그레고리가 늙어 먼저 죽는다면 쿨 정원에 있는 오동나무와 라임나무도 이곳을 걸어 다니는 나의 발자국 소리도 듣지 못하게 되고 앞으로 죽을 때까지 시를 쓰며 작업했던 이곳을 나 또한 다시 오지 못하리라. 누군가 새로운 얼굴의 젊은 시인들이 와서 놀게 될 것이고. 왜냐하면 이곳은 우리의 그림자가 늘 다니던 자갈길을 걸어 다니고, 살아 있는 자들이 그림자보다 더 어두워 보이는, 낮보다 밤이 시인에게 더 많은 시적 영감을 주는 곳이기에.

실제 그녀는 1932년 5월 22일에 사망했다. 이 시는 만약에 그녀가 사라진다면 예이츠의 삶도 변화할 수밖에 없다는 의미로 시인에게 있어 그녀의 중요성을 상기하며 쓴 시이다.

A PRAYER FOR MY SON

Bid a strong ghost stand at the head
That my Michael[1] may sleep sound,
Nor cry, nor turn in the bed
Till his morning meal come round;
And may departing twilight keep
All dread afar till morning's back,
That his mother may not lack
Her fill of sleep.

Bid the ghost have sword in fist:
Some there are, for I avow
Such devilish things exist,
Who have planned his murder,[2] for they know
Of some most haughty deed or thought
That waits upon his future days,
And would through hatred of the bays
Bring that to nought.

Though You[3] can fashion everything

---

1) 내 아들 마이클: 시인 예이츠의 아들 마이클 버틀러 예이츠(Michael Butler Yeats)는 1921년 8월에 옥스퍼드주(Oxfordshire) 테임(Thame)에 있는 캐슬브룩 하우스(Castlebrook House)에서 태어났다.

2) 아들을 죽이려고 계획하고 있는 이들도 있고: 예이츠는 자동기술(automatic writing)

내 아들을 위한 기도

윤기호

든든한 정령을 머리맡에 세워 두소서.
내 아들 마이클이[1] 깊이 잠들어
다시 아침식사를 할 때까지
잠자리에서 훌쩍거리거나 뒤척거리지 않도록.
또한 다시 아침이 돌아올 때까지
떠나가는 황혼이 모든 두려움을 멀리하게 하시고
애 어머니의 잠이 부족하지 않고
충분히 잘 수 있도록 하소서.

정령이 검(劍)을 주먹에 꼭 쥐도록 하소서.
분명코 세상에는 흉악한 일들이 존재하니.
아들의 앞날에 고귀한 행동과 사상이
함께할 것을 알고 있기에
아들을 죽이려고 계획하고 있는
이들도 있고,[2]
그의 영예를 증오하여 그가 앞으로 나아감을
무(無)로 만들려는 이들도 있으리니.

비록 당신은[3] 날마다 무(無)에서

을 하는 동안 벌어졌던 이상한 현상을 『비전』(*A Vision*, 1937)에서 말하고 있다. 즉 자동기술을 방해하는 "좌절시키려는 자들"(Frustrators)이 예이츠와 자식들의 건강을 해칠 계획을 하고 있다고 경고를 받았다는 것이다(16-17행).

3) 당신: 예수(Christ)를 가리킴.

From nothing every day, and teach
The morning stars to sing,
You have lacked articulate speech
To tell Your simplest want, and known,
Wailing upon a woman's knee,
All of that worst ignominy
Of flesh and bone;

And when through all the town there ran
The servants of Your enemy,[4]
A woman and a man,
Unless the Holy Writings lie,
Hurried through the smooth and rough
And through the fertile and waste,
Protecting, till the danger past,
With human love.

4) 당신의 적: 헤롯 왕. 헤롯 왕은 새로운 지배자가 베들레헴(예수가 태어난 곳)에서 나오리라는 예언을 두려워하여 베들레헴의 두 살 이하의 남자 어린애를 모두 죽였다. 『마태복음』(2.16) 참고.

모든 것을 만들어 낼 수도 있고
새벽 별들에게 노래를 가르칠 수도 있지만,
당신은 아주 간단한 소망조차 나타낼
분명한 말을 가지고 있지 않았고,
여인의 무릎에 매달려 울면서
살과 뼈에 관한 가장 더러운
모든 오욕을 알아버렸나이다.

그리고 당신의 적의[4] 하인들이
온 거리를 뛰어다니고 있을 때
성서가[5] 거짓말을 하지 않는다면,
한 여인과 남자가[6]
위험이 지나갈 때까지
인간의 사랑으로 보호하면서,
평탄한 곳과 험한 곳을
비옥한 곳과 황량한 곳을 서둘러 지나갔나이다.

---

5) 성서: 기독교 성서(the Bible). 『마태복음』 제2장 참고.
6) 한 여인과 남자: 요셉(Joseph)과 마리아(Mary)는 헤롯 왕을 피해서 예수를 이집트로 데리고 가서 헤롯 왕이 죽을 때까지 이집트에 머물렀다. 『마태복음』(2.19-23) 참고.

《해설》

이 시의 몇 가지 사소한 문제는 예이츠가 『비전』(*A Vision*)의 첫째 장 「에즈라 파운드를 위한 소포」("A Packet for Ezra Pound")에 단 주석을 회상하면 해결할 수 있다. 즉 자동기술을 할 동안 자동기술을 방해하는 "좌절시키려는 자들"(Frustrators)이 그와 자식들의 건강을 해칠 계획을 하고 있다고 경고를 받았다는 것이다. 따라서 제2연에서 그가 부르는 정령은 아들 마이클을 해치려는 악한 세력으로부터 지켜 주는 일종의 가정수호신(hearth god)이다.

이 시의 중요성은 「재림」("The Second Coming")의 주제와 관련되는데, 한편으로는 예수와 현대 사이, 다른 한편으로는 예수와 그의 탄생이 무력화시킨 역사적 순환(cycle) 사이의 쉽지 않은 상호 관계와 관련된 일련의 시편들에 대한 도입의 역할을 한다는 점이다. 따라서 마지막 두 연에서 "당신"은 새벽 별들에게 노래를 가르치고 "무에서 모든 것"을 만들어 낼 수도 있지만, 아직은 제대로 말을 할 줄 모르는 어린애로서 언어를 정복할 때까지는(잠재 능력이 있는 예술가뿐만 아니라 실제 능력이 있는 예술가가 될 때까지는) 부모의 보호를 받을 수밖에 없는 예술가로서 예수이다. 예이츠가 주장하기를 신이 인간의 육체를 가질 때는 인간에게 벌어지는 일들을 수용해야만 하는데, 그 일들은 인간만이(예를 들어 자애로운 부모와 같은) 부분적으로나마 통제할 수 있다는 것이다(Unterecker, 184-185).

예이츠의 가족들(딸 Anne, 부인, 예이츠, 아들 Michael, 1929)

TWO SONGS FROM A PLAY[1)]

I

I saw a staring virgin stand
Where holy Dionysus died,
And tear the heart out of his side,
And lay the heart upon her hand
And bear that beating heart away;[2)]
And then did all the Muses sing
Of Magnus Annus at the spring,[3)]
As though God's death were but a play.

Another Troy must rise and set,
Another lineage feed the crow,
Another Argo's painted prow
Drive to a flashier bauble yet.

---

1) 이 두 노래는 예이츠의 희곡 『부활』(*Resurrection*)(십자가 처형 후에 예수가 제자들 앞에 처음으로 나타난 것을 주제로 하는 희곡)에서 코러스 역할을 하는 악사들이 부르는 노래이다.

2) 이 연은 그리스의 술과 다산의 신인 디오니소스의 신화와 예수의 부활 사이에 유사성을 보여주고 있다. 엘만(Richard Ellmann)은 이 연을 다음 인용문처럼 설명하기 위하여 프레이저의 『황금 가지』(*The Golden Bough*)를 원용하고 있는데 예이츠도 프레이저의 책을 읽었다고 한다.

인간인 페르세포네와 제우스 신 사이에 태어난 디오니소스를 타이탄들이 갈기갈기 찢어버린다. 아테네(이 시의 '빤히 쳐다보는 처녀')는 찢겨진 디오니소스의 몸에서 심장을 낚아채서 손에 들고 제우스에게 가져간다. 제우스는 타이탄들을 죽이고 디오니

두 편의 극중 노래[1)]

윤기호

I

나는 보았다. 거룩한 디오니소스가 죽은 곳에
서서 빤히 쳐다보다가,
디오니소스의 옆구리에서 심상을 노려내어
손 위에 올려놓고
아직도 뛰고 있는 그 심장을 들고 가는 처녀를.[2)]
그러자 모든 시신(詩神)들은 샘터에서
'위대한 해(年)'를 노래했다.[3)]
마치 신의 죽음이 한 편의 연극에 지나지 않는 것처럼.

어김없이 또 하나의 트로이가 일어섰다 망하고
또 하나의 혈통이 까마귀를 양육하며
또 하나의 아르고의 재색한 신수(船首)가
좀 더 번지르르한 싸구려를 향하게 될 것이다.

소스의 심장을 삼켜서 다른 인간 Semele의 몸에서 다시 태어나게 한다(*Identity of Yeats* 260).

3) 시신들이 위대한 해를 연극처럼 노래하는 이유는 그들이 디오니소스 신의 제의적인 죽음과 재생을 반복해서 일어나는 일로서 역사의 순환의 일부라고 여긴 때문이다. 디오니소스와 예수는 둘 다 3월에 죽고 다시 태어났다. 이때는 태양이 백양궁과 쌍어궁 사이에 있고 달이 처녀궁 곁에 있을 때인데 처녀궁은 스피카(처녀좌의 1등성)를 들고 있다(Ellmann 260). 여기에서 예이츠는 버질(*Eclogue*, IV, 6)을 생각하고 있는데, 쥬피터와 테미스의 딸인 처녀좌는 황금기가 끝날 때 지구를 떠나는 마지막 존재이지만 다시 돌아올 것이고 황금기를 다시 가져올 것이다. 이러한 버질의 예언은 후에 성모 마리아(Virgo)와 예수(베들레헴의 별)의 도래를 예언하는 것으로 해석되었다(*Commentary* 242).

The Roman Empire stood appalled:[4]
It dropped the reins of peace and war
When that fierce virgin and her Star
Out of the fabulous darkness called.

II

In pity for man's darkening thought
He walked that room[5] and issued thence
In Galilean turbulence;[6]
The Babylonian[7] starlight brought
A fabulous, formless darkness in;
Odour of blood when Christ was slain
Made all Platonic tolerance vain
And vain all Doric discipline.

Everything that man esteems
Endures a moment or a day.
Love's pleasure drives his love away,
The painter's brush consumes his dreams;
The herald's cry, the soldier's tread

4) 아연실색하여 서 있었다: 비록 로마 제국의 6천만 명에 비해 기독교도는 6백만 명에 지나지 않았지만 세상은 기독교 세상이 되어가고 제국은 기독교에 의해 파괴될 것이기 때문이었다.

5) 저 방: 예수가 제자들과 함께 최후의 저녁식사를 한 곳. 『마태복음』(26, 30), 『마가복음』(14, 26), 『누가복음』(22, 39), 『요한복음』(18.1) 참고.

로마제국은 아연실색하여 서 있었다.[4)]
저 사나운 처녀와 그녀의 별이
전설의 암흑으로부터 소리쳤을 때
로마는 평화와 전쟁의 고삐를 떨어뜨렸다.

II

인간의 이두워 가는 생삭을 가엾게 여기면서
그는 저 방을[5)] 거닐었다. 그러자 거기에서
갈릴리아인의 소동[6)]이 생겨났다.
바빌론의[7)] 별빛은 엄청난
형체도 없는 암흑을 불러들였다.
그리스도가 살해당했을 때의 피 냄새는
플라톤의 모든 관용을 헛되게 만들었고
도리아인의 모든 고행을 헛되게 하고 말았다.

인간이 떠받드는 모든 것은
한 순간 또는 하루를 지탱할 뿐.
사랑의 쾌락은 사랑을 좇아버리고
화가의 붓은 그의 꿈을 소멸시킨다.
전령의 외침, 병사의 발소리는

---

6) 갈릴리인의 소동: 이 소동은 바빌론의 천문학자들이 예견한 것으로 천문학자들은 과학적 발견으로 인간의 위상을 하락시켰다. 인간은 우주에 비해 아무것도 아니고 형체도 없는 존재라는 사실을 가르친 것이다.

7) 바빌론의: 고대 메소포타미아의 중심 도시였던 바빌론은 천문학과 점성학으로 유명했다.

Exhaust his glory and his might:
Whatever flames upon the night
Man's own resinous heart has fed.[8)]

《해설》

시점이 앞 시 「내 아들을 위한 기도」("A Prayer for My Son")의 크리스마스에서 이 시에서는 부활절로, 소재가 앞 시의 예수의 탄생에서 이 시에서는 죽음과 부활로 옮겨갔다. 디오니소스와 예수는 둘 다 같은 점성학적 궁(宮)에서 (둘 다 달이 처녀궁의 곁에 올 때인 "봄"에 죽는다) 죽고 다시 태어났다. (처녀궁은 손에 스피카를 쥐고 있다.) 따라서 첫째 연은 디오니소스의 죽음을 보여주고 그 죽음을 플라톤년(年)과 연관시키고 있다. 신화에서 디오니소스는 두 번 태어나는데 두 번째 탄생은 타이탄들이 그의 사지를 절단했지만 아테나 여신이 그의 심장을 구했기 때문에 가능했다.

둘째 연을 시작시키는 예언은 버질과 관련되어 있는데 이는 『비전』(*A Vision*)의 전체적인 구도와도 관련되어 있다. 아스트라이아(가끔 처녀좌와 동일시되기도 함)의 돌아옴과 함께 황금시대가 돌아오리라는 버질의 예언을, 성모 마리아가 시작시킨 기독교 황금시대의 도래를 연관시키는 기독교의 전설에 기반을 두고 있다. 첫째 노래의 밑에 깔린 구도는 다음과 같다.

사나운 처녀와 그녀의 별 — (예기한다) — 성모 마리아와 예수
처녀궁과 스피카 — (예기한다) — 마리아와 베들레헴의 별
아스트라이아와 황금시대 — (예기한다) — 마리아와 기독교 시대
응시하는 처녀(아테나)와 디오니소스의 심장 — (예기한다) — 마리아와 예수의 심장

인간의 영광과 힘을 고갈시킨다.
밤에 타오르는 불길은 무엇이건
인간 자신의 송진 같은 심장이 태워온 것이다.[8)]

둘째 노래는 개인이 인생에서 겪는 순환주기와 거대한 역사의 순환주기(디오니소스나 예수의 죽음이 시작시킨 것과 같은)를 병치시킨다. 그러나 거대한 주기에서건 개인의 사생활이건 "밤에 타오르는 불길"의 연료는 인간의 송진 같은 심장인 것이다. 그 인간이 디오니소스이건 예수이건 또는 무명의 연인, 화가, 전령, 군인이건 간에.

8) 이 연에서는 모든 것이 사라져버림에도 불구하고 영웅적으로 창조를 계속하는 인간을 찬양하고 있다.

FRAGMENTS[1)]

I

Locke[2)] sank into a swoon;
The Garden[3)] died;[4)]
God took the spinning-jenny[5)]
Out of his side.[6)]

II

Where got I that truth?
Out of a medium's mouth,[7)]
Out of nothing it came,[8)]

---

1) 이 시는 1931년에 쓰인 것으로 추정된다.

2) 존 로크(John Locke, 1632~1704): 영국의 철학자이며 정치사상가. 영국 경험주의 철학의 시조로 당시 데카르트(Descartes) 철학과 아이작 뉴턴(Isaac Newton)에 의해 완성된 자연과학에 관심을 가졌고 반스콜라적이었다. 예이츠는 자신의 일기에서 데카르트와 뉴턴과 로크를 세상에 부정적인(?) 영향을 준 사람들로 기록하고 있다(*E* 325).

3) 「창세기」 제2장에 나오는 하나님께서 에덴 동쪽에 세우신 동산으로 '낙원'을 의미함.

4) 제1연 제1-2행: 로크는 이 세상을 추상과 기계주의로 바꿔 르네상스 속에서 성장해 온 통합된 의식(낙원)을 경시하였다. 과학 즉, 이성이 지배하는 세계에서는 생성과 존재는 영원히 합일할 수 없다. 추상적인 지성은 정신을 분열시키고 육체를 분해시킨다(*Ex* 404).

5) 다축방적기: 제임스 하그리브스(James Hargreaves)가 1778년에 발명한 것으로 여기서는 로크의 기계론적 철학을 추종하는 영국 산업혁명을 상징하고 있다.

6) 제1연 제3-4행: 「창세기」 제2장에 나오는 하나님께서 아담의 옆구리에서 갈비뼈를 취하여 이브를 만드신 것을 패러디한 것이다. 초기 방적기인 다축방적기가 기계론적인 철학자 로크의 영향에 의해 생긴 것으로 예이츠는 보고 있다.

7) 제2연 제2행: 예이츠는 신비사상에 몰두해 있을 무렵 영적 중매자인 부인에게 메

단편(斷片)[1)]

신현호

I

로크는[2)] 기절하여 감각이 없었다.
에덴동산은[3)] 사멸되었다.[4)]
하나님은 다축(多軸)방적기를 끄집어내셨다[5)]
그의 옆구리에서.[6)]

II

내가 어디에서 그 진실을 얻었겠는가?
영매(靈媒)의 입을 통해,[7)]
무(無)에서 그것은 생겨났다,[8)]

시지 전달자인 그의 교사들로부터 영감을 얻고 자신의 상상력의 근원을 이루는 '존재의 합일'(Unity of Being) 사상과 의식을 갈등과 동일시하는 심리적 통찰력을 배웠다. 예이츠는 『비전』(*A Vision*) 개정판 서문에서 자기 사상 체계의 본질에 대한 설명과 그 사상의 근원에 대해 밝히면서, 이 책은 신비주의자이며 영매였던 부인의 영감을 통해서 만나게 된, 즉 자기가 알지 못하는 계시자들의 지시에 의해서 자신이 평소 구상하던 내용들을 정리하고 체계화한 것이라고 밝히고 있다. 예이츠는 무의식 속에 존재하는 초자연적인 세계에서 자신에게 지식을 전하는 자들은 교사이며 전달자인 다이몬(Daimon)들로서, 자신의 창작에 지대한 영향을 끼친 존재로 인식하고 있다. '영적 자아'(the Ghostly Self)로서 개인의 의식적인 자아 밖에서 구현되어 실재를 인식시켜 주고 있는 다이몬은 '대기억'(Great Memory) 안에서 인격화되어 인간의 모든 과거의 경험과 기억을 인간의 필요에 따라 개인과 연결시켜 주는 매체이다. 예이츠는 '대기억'에 저장되어 있는 인류의 기억으로부터 상징을 통하여 우리가 원하는 이미지를 시로 나타낼 수 있다고 보았다. 다이몬은 예술가가 상상을 통하여 개인 및 종족의 의식 속으로 침투해 들어가는 과정에서 예술가에게 메시지를 전달해 주는 역할을 한다. 그것은 다이몬이 '대기억'에서 모든 기억을 통제하여 상징을 통해서 메시지를 보내 주기 때문이다(*V* 22-23 참조).

Out of the forest loam,[9)]
Out of dark night[10)] where lay
The crowns of Nineveh.[11)]

《해설》

이 시는 시적 영감과 통찰력의 본질 및 상상력의 원천에 대해서 다루고 있다. 예이츠는 시적 영감에 있어 전통과 감성을 강조하며 상상력의 원천으로 인간의 기억과 과거에 대한 의식을 주장한다. 예이츠는 "예술 작품은 어떤 새로운 정신을 가진 자의 믿음과 열정에 의해 옛 이미지들과 옛 감정들이 다시 환기되어 삶을 지배할 때 우수한 걸작품이 된다."고 말한다(*E&I* 352). 예이츠는 모든 인간의 삶과 현대 문명에 팽배해 있는 혼란과 황폐함을 바라보고 인간의 삶을 통제하는 행동 및 활동의 시대적 상황에 시선을 돌리며, 이에 대한 자신의 사고 영역을

8) 제2연 제3행: 하나님은 흑암과 공허 가운데에서 천지를 창조하셨다(「창세기」 제1장 제2절 이하). 예이츠는 인간정신에 의해 형성된 실재 외에는 어떤 실재도 존재하지 않는다고 생각한다. 예이츠에게 '무'(nothing)는 무형의 세계로 추상의 세계이며 주관의 상징으로 눈에 보이는 현실의 객관의 세계와 대조된다. '무'의 상태에서 인간은 외부적 압력으로 얻어진 생각에서 벗어나 영혼의 정화를 이루어 참된 자아와 '창조적 정신'(True Creative Mind)을 얻을 수 있다.

9) 제2연 제4행: 하나님은 흙으로 인간을 만드셨다(「창세기」 제3장 제19절). 예이츠에게 '숲의 흙'은 전통이다. 예이츠는 과거, 현재, 미래를 관류하는 연속감과 통일감을 부여할 수 있는 것은 '가문과 토양'(family and soil)에서 비롯된다고 본다. 가문이 역사의 한 부분이고 또 그것은 그 토양의 한 부분이라고 언명한 예이츠는 가문을 통해 전승되는 문화 전통의 가치에 대한 분명한 태도를 가지고 있었다. 그는 정신이 작용하는 모든 것을 '토양'에 의해서 모든 질서나 국가를 '가문'에 의해서 이해하되 이것은 논리적 맥락이 아닌 역사적 맥락에서 결합된다고 강조한다(*Ex* 273-274).

10) 제2연 제5-6행: '어두운 밤'은 죽은 사람들의 영혼이 깃든 곳으로서 '대기억'이 저장되어 있는 곳을 암시한다. 창조적 상상력이 자유롭게 활동하는 시간이다. 예이츠에게 낮은 일체의 현상이 드러나는 현실 세계와 자연 세계를 의미하고, 밤은 상상이 지배하는 영혼의 세계를 나타내며 창조적 상상력이 자유롭게 활동하는 시간이다. 이때 시인은 자신의 순수성을 가지고 참된 자아를 억압했던 모든

숲의 흙에서,[9)]
니네베의[11)] 왕관들이 놓여 있는
어두운 밤으로부터.[10)]

상상력에 의존하여 정립하고자 하였다. 예이츠는 예술이 과거의 순수한 영감을 잃어버리고, 사회가 과학적 사실을 증명하기에 급급하며, 불신의 공기로 가득 차서 사람들이 대중매체의 수단 속에서 자기 판단력을 상실하는 세상에서는 예술이 정착할 공간이 없어지는 것으로 보았다(*E&I* 152-153 참조). 예술의 기능은 인간의 주의를 상상력에 집중시킴으로써 삶의 총화를 이룩할 수 있게 하는 데 있다. 외부의 압력에 굴복하여 상상력을 불신하는 시대에 예술은 불가피하게 과거로 눈을 돌릴 수밖에 없다. 예이츠는 위엄 있는 관습과 질서와 의식이 없는 곳에서 옛 질서의 품격과 풍요로움을 되찾기 위해 전통과 감성을 회복시킨다. 그는 과학적 이성이 아닌 예술적 감성과 상상을 통해 진실에 접근하기를 원했다.

외부적 압력들을 떨쳐버린다. 시인이 추구해야 할 참된 가치는 객관성에 대항할 줄 아는 창조적 상상력으로 거듭난 주관적 자아인 것이다. '니네베의 왕관들'은 수많은 영혼을 나타내며, 그곳에서 진실을 얻는다는 것은 인간이 영혼불멸의 확신을 가지고 현실의 삶에서 초월적 경지를 상상함으로써 '창조적 정신'을 회복할 수 있음을 암시한다. 작가에게는 언제나 상상력에 의한 비전의 세계가 있다고 본 예이츠는 그 환상 세계의 중심점에 '세계령'(Spiritus Mundi)을 상정한다. '세계령'은 인간 경험의 축적인 집단무의식에서 나온 원형적 심상으로, 인간 본능으로 구현되며 창조적인 모든 힘을 유출시키는 상상력을 유도해 내고 비전의 계시를 보여주는 '대기억' 속에서 발현된다. '세계령'의 근원지인 '대기억'은 태초부터 오늘에 이르기까지 인류의 모든 정신적 유산을 담고 있는 이미지의 저장고이다. 그러므로 '대기억'은 인류가 겪은 모든 경험과 사상을 담고 있는 궁극적 실재이며 인간 정신 기능의 본질인 동시에 창조력의 모태이며 상징에 의해 환기되어진다(*E&I* 153-164 참조).

11) 니네베(우리말 성경에는 니느웨로 표기됨): 기원전 7, 8세기경에 가장 강대했던 아시리아 제국(Assyrian Empire)의 수도. 기원전 612년에 메데스(Medes)와 바빌로니아인(Babylonians)에 의해 멸망됨. '니네베'는 역사성을 가지고 있는 객관적 상관물로서 한때 아시리아 제국의 수도로서 번창했던 역사적 현실의 도시이다. 예이츠는 상상력으로 이를 파악하여 자신의 상징물로 이용하고 있다.

LEDA AND THE SWAN[1)]

A sudden blow: the great wings beating still
Above the staggering girl, her thighs caressed
By the dark webs, her nape caught in his bill,
He holds her helpless breast upon his breast.

How can those terrified vague fingers push
The feathered glory from her loosening thighs?
And how can body, laid in that white rush,
But feel the strange heart beating where it lies?[2)]

A shudder in the loins engenders there
The broken wall, the burning roof and tower
And Agamemnon[3)] dead.[4)]

---

1) 그리스 신화에 따르면, 올림포스의 신 제우스(Zeus)는 에우로타스(Eurotas) 강에서 목욕 중이던 아에톨리아(Aetolia)의 왕 틴다루스(Tyndarus)의 아내인 아름다운 레다(Leda)에 반해서 백조로 변신하여 그녀를 겁탈한다. 예이츠는 제우스와 레다의 교접을 그리스 문명의 발상을 이루는 일종의 "수태고지(受胎告知)"(annunciation)로 보며 유럽 역사의 시발점으로 다룬다.

2) 제1-8행: 신과 인간의 결합, 잉태, 출산 등은 신화에서 역사를 여는 시적 모티브로 흔히 취급되어지고 있지만, 예이츠는 이를 보다 시각적으로 접근하므로 신화 속에서 가지는 역사의 현실감을 더해 주고 있다. '급습' '공포에 사로잡혀' 등의 심상은 파괴적인 분위기를 드러내 주고, '허벅다리' '젖가슴' '애무' 등의 심상은 육감적이며 성적인 연상을 나타내는 한편 '깃털에 싸인 영광' 등은 신비스럽고 성스러운 분위기를 자아낸다. '급습', '커다란 두 날개', '검은 물갈퀴', '낯선 심장' 등은 백조로 상징된 신의 속성을 나타내며 '비틀거리는 여인', '꼼짝 못하는 여인' 등은 레다로서 상징된 인간의 차원을 나타낸다. 이러한 대조적인 분위기는 그리스 문명의 도래와 더불어 유럽 역사의 시작을 알리는 수태고지와 적합하게 연결되고 있다. 신과 인간이 대등한 관계에서 맺어지는 결합이 아니라 주관

레다와 백조[1)]

신현호

갑작스런 급습; 커다란 두 날개를 아직도
비틀거리는 여인 위에서 퍼덕이며, 여인의 허벅다리는
검은 물갈퀴에 애무당하고, 부리에 목덜미를 붙잡혀
꼼짝 못하는 여인의 젖가슴을 그는 자기 가슴에 껴안는다.

공포에 사로잡혀 막막한 손가락들이 어떻게 밀어낼 수 있는가
그녀의 느슨해진 허벅지에서 깃털에 싸인 그 영광을?
그리고 어떻게 그 하얀 급습에 쓰러진 육체가,
그 품안에서 낯선 심장의 고동을 느끼지 않을 수 있으리오?[2)]

허리를 감돈 전율이 거기에 낳는다
부서진 벽, 불타는 지붕과 탑
그리고 아가멤논[3)]의 죽음을.[4)]

성을 상징하는 백조의 형상을 한 제우스에 의한 일방적 결합이다. 그러므로 제우스와 레다의 교접으로 레다가 알을 수태하지만 조화와 합일이 수반되지 않고 대립과 갈등상태에 놓이게 되는 것이다. 우발적이면서도 일방적인 신과 인간의 결합의 결과 이제 신의 세계와 인간의 세계가 서로 관련 없이 존재하는 것이 아니라 신의 속성이 새로이 인간에게 부여됨으로써 인간 세계에는 상반되는 두 힘이 존재하게 되어 상호 갈등을 일으키는 것이다. 상호 갈등의 양상을 띠게 되는 인류 역사의 출발이 주체 못한 욕망을 채우는 무책임한 생식 행위에서 비롯되었다는 사실은 하나의 아이러니에 분명하다. 그러나 이러한 역설과 아이러니는 현실 세계에서의 대립의 성격을 강조하기 위해 그리고 신화적 상상 속에서 구체적인 역사를 다루기 위하여 예이츠가 의도적으로 도입하는 예술적 기법이다.

3) 아가멤논: 트로이 전쟁 때 그리스 연합군의 총사령관이며 트로이 왕국의 둘째 왕자 파리스(Paris)에게 헬렌을 빼앗긴 메넬라오스(Menelaus)의 형.

4) 제9-11행: 제우스와 레다의 신비스러운 결합의 결과로 낳은 두 개의 알이 하나는 사랑을, 다른 하나는 전쟁을 인간 세계에 가져왔다(*V* 268). 이것은 곧 만물은 그 바탕에 상반되는 힘을 내포하고 있다는 사실을 의미한다. 레다가 낳은 두 개

Being so caught up,
So mastered by the brute blood of the air,[5]
Did she put on his knowledge with his power
Before the indifferent beak could let her drop?[6]

《해설》

1923년 9월 28일에 쓰인 이 시는 각운의 형태가 abab cdcd efg efg를 띠는 소네트 형식을 취하고 있으며 8행과 6행으로 구성되어 있다. 문법적으로 8행은 현재시제로 되어 있고 6행은 현재와 과거로 되어 있다. 이는 예이츠가 신화를 역사적 사실로 인정하며 그 결과를 추론하고 있음을 보여준다. 각 연은 2개의 문장으로 되어 있으며 각 문장은 한 개의 절을 포함하고 있다. 그리고 8행과 6행은 각각 긍정문과 의문문이 교차되어 있으며 긍정문의 주체는 백조이고 의문문의 주체는 레다이다. 시어의 사용에 있어 절제가 돋보이며 시의 운율에 있어 매우 음악적이고 두운의 활용(holds her helpless, brute blood 등)이 돋보인다. 예이츠가 기법에 있어 영시의 전통을 추구하고 있음을 알 수 있다. 이 시는 영어로 쓰인 시들 중에서 기법상 완성도가 높은 시 가운데 한 편으로 평가받고 있다.

의 알에서 각각 헬렌과 클리템네스트라가 나왔다. 헬렌은 그 아름다움으로 인해 트로이와 그리스 간의 9년간에 걸친 전쟁의 원인이 되었고, 클리템네스트라는 트로이 전쟁 때에 그리스 동맹군의 총사령관인 아가멤논의 아내가 되는데 남편이 전쟁에서 이기고 돌아왔을 때 그녀는 정부 아이기스토스(Aegisthus)와 합세하여 아가멤논을 살해한다. 사랑과 전쟁이라는 상반 개념의 동시적 생성으로 트로이는 불타고 아가멤논은 살해당하는 상황이 전개되는 것이다. 신과 인간의 결합의 결과 드디어 생성 행위가 절정에 달해 허리를 전율할 때 바로 벽이 무너지고 지붕이 불타며 트로이가 파괴되고 아가멤논이 죽는 것은 생성의 절정에서 곧 쇠퇴와 파괴가 시작됨을 암시하는 것이다.

그렇게 사로잡혀,
하늘의 야만스런 피에[5] 그처럼 정복당하였으니,
그녀는 그의 힘과 함께 그의 지혜도 전해 받은 것일까?
그 무심한 부리가 그녀를 놓아주기 전에.[6]

예이츠의 역사에 대한 탐구는 과거 역사 속에서 연속하는 질서와 삶의 본질을 탐구하기 위한 것이다. 예이츠의 경우 역사는 사실이 객관적 기록이 아니라 문학작품처럼 상상을 통하여 재구성된다. 그에게 있어 역사적 사건은 상상 속에서 재구성되어 보편적 의미를 갖는데 의미가 있다. 예이츠가 역사에서 흥미를 가지고 바라보는 것은 과거의 사건이나 인물 같은 것이 아니라, 흥망성쇠의 패턴이 보여주는 그 상징성이다. 『비전』(*A Vision*)에서 예이츠는 인류의 문명이 2천년의 주기로 순환한다고 보고 그것을 달의 28상에 따라 구분한다. 문명이나 역사는 제1상에서 시작하여 제15상인 만월에 도달할 때까지 성장하며 원숙하게 되고 문명의 쇠퇴는 제16상에서 시작하여 제28상까지 계속된다. 예이츠는 인류 역사는 생성, 성장, 원숙, 쇠퇴, 소멸의 과정을 순환하며 반복하는 것으로 본다.

예이츠는 이 시에서 그리스 신화에 나오는 초자연적 사건을 상상력으로 포착하여 역사적 환시를 제시한다. 인간 역사의 흐름이 인간 심리와 마찬가지로 갈등의 구조 속에서 이루어지고 있음을 성적인 심상을 풍부하게 살려 극적으로 표현하고 있다.

5) 제12행: '하늘의 야만스런 피'는 제우스의 동물적인 욕정을 상징한다.
6) 제13-14행: 예이츠의 시에서 빈번히 쓰이는 이러한 수사적 의문은 여러 주제를 병렬시킨 후 의문과 제시를 함께 담을 때 쓰인다. 예이츠는 신과 인간의 교접이 대등한 차원에서의 결합이 아니었기 때문에 인간은 신성을 완전히 받아들이지 못하고 이지적인 면과 야성적 면이 끊임없이 갈등을 겪게 된다고 본다. 인간에게는 이러한 상반되는 양면이 있어 차원이 다른 두 세계 사이에서 영원히 갈등을 겪고 있으며, 인간 역사는 이런 갈등 속에서 계속되고 있는 것이다.

이 시는 예이츠가 목적의식을 가지고 쓴 시로서 예이츠의 시작 노트를 보면 예이츠의 역사 구상이 아일랜드와 상관있음을 보여준다. 정치평론지 『아일랜드 정치인』(*The Irishman Statesman*)의 청탁을 받고 쓴 이 시에 대한 예이츠의 노트를 보면 대중을 선동하는 정치적 성격을 띤 행위들로 인해 정신적 바탕이 고갈되어 가는 아일랜드에 새 힘이 필요하다고 생각했음을 알 수 있고, 그 힘의 성격에 대해 숙고했음을 알 수 있다(N. Jeffares, *A New Commentary on the Poems of W. B. Yeats* 247).

예이츠는 프랑스 혁명과 백과전서파(Encyclopaedists)의 영향으로 인한 개인주의와 선동주의에 의하여 황폐해진 아일랜드가 회복될 수 있는 유일한 길은 위로부터의 개혁에 의해 실현될 수 있다는 암시를 풍겨 준다. 따라서 '무너진 벽'과 '불타는 지붕'은 이 시를 쓸 당시의 내란으로 인한 아일랜드의 상황을 나타내 주는 것이라 볼 수 있다. 그리고 레다의 수태는 「1916년 부활절」("Easter 1916")의 후렴으로 사용되고 있는 "무서운 아름다움이 탄생했다"(A terrible beauty is born)를 연상시킨다. '무서운 아름다움'이라는 모순어법은 아일랜드의 독립을 위해 싸우다 죽은 사람들의 영웅적인 행동을 찬미하는 동시에 비극적인 공포와 연민이 담긴 복잡한 심리를 표현하고 있다.

예이츠는 모순과 갈등을 안고 있는 역사의 현장에서 인간은 비극적일 수밖에 없다는 것을 보여주며, 역사의 순간에서 인간의 비극적인 행동에 대한 연민을 드러낸다.

Cesare da Sesto(1480～1521)가 그린 <레다와 백조>의 그림

ON A PICTURE OF A BLACK CENTAUR[1] BY EDMUND DULAC[2]

Your hooves have stamped at the black margin of the wood,
Even where horrible green parrots call and swing.
My works are all stamped down into the sultry mud.
I knew that horse-play, knew it for a murderous thing.
What wholesome sun has ripened is wholesome food to eat,
And that alone; yet I, being driven half insane
Because of some green wing, gathered old mummy wheat[3]
In the mad abstract dark and ground it grain by grain
And after baked it slowly in an oven; but now
I bring full-flavoured wine out of a barrel found
Where seven Ephesian topers[4] slept and never knew
When Alexander's empire[5] passed, they slept so sound.

---

1) 켄타우로스족은 허리까지는 인간이고, 나머지는 말의 몸을 하고 있는 즉 반인반마의 괴물 종족이다.
로마신화의 켄타우로스(Centaurus) 영어이름은 센토르(Centaur)이다. 테사리아의 왕 이크시온이 제우스가 보낸 구름과 어울려 낳았다고 한다. 이들은 성질이 급하고 난폭하나 켄타우로스 중에는 폴로스나 케이론 같은 현명한 존재도 있다. 켄타우로스는 인간과 접촉하는 것이 허락되어 있으므로 인간에게는 우호적이나 원래 성격이 난폭하여 문제를 자주 일으킨다.

2) 에드먼드 듈락크(Edmund Dulac, 1882~1953): 삽화의 황금시대에 활동한 프랑스 출신 영국 예술가로서 일러스트레이터인 동시에 초상화 작가이며 디자이너. 『루마니아 여왕』, 『아라비안나이트』, 『나이팅게일』, 『눈의 여왕』, 『미녀와 야수』, 『잠자는 숲속의 미녀』 등 많은 책의 삽화를 작업하였다. 예이츠의 극 『매의 우물』(*At the Hawk's Well*, 1916)의 가면과 의상을 디자인했으며 예이츠의 저서 몇 곳에 삽화를 그려 넣었으며 예이츠의 시에 노래를 만들기도 하였다. 그의 작품은 중동 및 극동아시아의 문화에 영향을 받고 있다.

에드먼드 듈락크[2]가 그린
검은 켄타우로스[1] 그림을 보고

신현호

그대의 발굽이 숲의 검은 가장자리를 밟아,
숲의 그곳에서는 무서운 녹색 앵무새조차 소리를 지르며 몸을 흔들어댄다.
나의 작품들은 철저히 유린당해 하찮은 것으로 거친 비방을 받는다.
나는 그 소란스러운 장난을 알고 있으며 그것이 살인적인 것이라는 것도 안다.
건전한 태양으로 성숙시킨 것이 사람들 먹기에 유익한 음식이며,
그리고 오로지 그것만이 전부이다. 그러나 어떤 푸른 날개 때문에[3]
반쯤 제정신이 아니었던 나는 추상적인 어둠에 열광하여
오래된 바짝 마른 밀을 주워 모았다 그리고 그것을 한 알 한 알 갈았다.
그리고 난 뒤 그것을 오븐에 천천히 구워내었다. 그러나 이제
나는 술통에서 충분히 향이 베인 포도주를 가져와
에베소의 일곱 명[4] 술고래들이 잠들어
알렉산더 제국[5]이 언제 사라진지도 모르고 깊은 잠에 빠졌던 곳을 찾아내었다.

---

3) 예이츠가 이집트 무덤들에서 발견된 것들에 관하여 읽고 추출해 낸 이미지로서 여기서는 '감추어진 진실'이나 '지혜'를 나타낸다.

4) 에베소의 일곱 사람들은 드시우스 황제(200~251) 때부터 테오도시우스 황제 2세(401~450) 때까지 그리스도인들에 대한 박해를 피해 에베소 근처 한 동굴에서 약 2세기 동안 잠들었다.

5) 알렉산더 대왕(356~323 BC)은 에베소의 평화를 회복시키고 BC 334년에 그곳에 거주하였다. 알렉산더 제국은 그가 죽은 후 얼마 안 있어 멸망하였다.

Stretch out your limbs and sleep a long Saturnian[6] sleep;
I have loved you better than my soul for all my words,
And there is none so fit to keep a watch and keep
Unwearied eyes upon those horrible green birds.

《해설》

격언적인 성향을 띤 이 시는 예이츠가 자신의 시세계의 진보에 대해 만족함을 드러내며 아내의 자동기술에서 얻은 계시에 대한 것을 나타내고 있다. 신비주의자이며 영매였던 아내 리즈(Georgie Hyde-Lees)가 자기 앞에서 보여준 자동기술법을 경험하면서 예이츠는 무의식 가운데 영적인 실재와 교류를 체험한다. 예이츠는 무의식 속에 존재하는 초자연적 세계에서 자신에게 지식을 전하는 자들은 '다이몬'(Daimon)으로 자신의 창작에 지대한 영향을 끼친 존재로 인식하고 있다(*V* 22). '다이몬'은 '대기억'(Great Memory) 안에서 본래의 성격을 띠고 인격화되어 인간의 모든 과거의 경험과 기억을 인간의 필요에 따라 개인과 연결시켜 주는 매체로 개인의 심리적인 가면으로서 자신의 '반자아'(anti-self)를 추구하는 데 도움을 주는 존재이다. '다이몬'은 인간의 영적 세계를 통제하며 영원한 존재로서 인간의 집단 무의식에 상주하는 본능과 같은 실체로 선택하는 것이 아니라 수용되어지는 존재이다.

---

6) Saturn: 로마신화에 나오는 농경의 신(그리스 신화에서는 크로노스), 풍요를 상징하는 것으로 이에 유래한 Saturnian은 '번영한', '행복한'의 의미를 갖는다. Saturnian age를 '황금시대'라 한다. 이 시대에는 예술과 문화가 발달한다.

그대는 사지를 쭉 뻗고 긴 황금시대[6]의 행복한 잠을 자라.
나는 그대를 모든 말을 대신해 내 영혼보다 사랑했다.
그러므로 그 무서운 녹색의 새들을 주시하며 싫증내지 않고 바라보
기에
적합한 사람은 아무도 없다.

이 시 서두에서 켄타우로스는 앵무새에 유혹되어 숲의 어두운 세계로 발을 들여놓는다. 이곳에서 시의 화자는 그곳의 세계를 다소 경멸적으로 표현하며 자신이 일상적으로 써 오던 시의 세계와 태도에 대해 철저히 유린당하는 것에 작가로서의 생명의 위협까지 느낀다.

예이츠는 1922년경에 쓴 『가면의 전율』(*The Trembling of the Veil*)에서 모든 예술은 민간 전승이야기에 나오는 켄타우로스와 같아야 하며 본질적으로 이중성을 띠는 것이 일반적이라고 말한 적이 있다(Ellmann *The Identity of Yeats* 264). 그러나 여기서 켄타우로스는 예이츠가 즐겨 사용하는 '말'의 심상으로 자신의 상상력이나 시상을 의미한다. 앵무새는 '다이몬'의 이미지이며 숲의 검은 가장자리는 일상의 의식 세계 너머에 있는 '집단무의식'과 같은 세계로 상징이나 이미지가 생생하게 살아 저장되어 있는 '대기억'의 심상이다.

이 시의 중반에서 화자는 자신도 모르는 신비한 세계의 강박에 사로잡혀 자신의 틀에 박힌 경험의 영역에 자리 잡고 있는 '건전함'(wholesome)이 전부라고 여겼던 것에서 벗어나게 된다. 당시 시대정신인 '이성주의'(rationalism)에서는 금기로 여기는 세계에 발을 들여놓으며 초기 두려움에서 벗어나 열광적으로 자신의 시상에 변화를 경험하게 된다.

예이츠에게 열광은 분방한 상상력을 의미한다. 예이츠는 상상력의 세계와 현실의 세계가 하나로 통합되기를 원하지만 살아 있는 현실 세계에서는 불가능하다는 것을 감지한다. 그는 상상력이 없는 이성과 도덕만이 지배하는 태양이 작열하는 빛의 현실 세계를 거부하고 상상력이 활동하는 어두운 추상을 열광적으로 좇으며 지혜를 얻는다. 어두운 추상의 세계는 「단편」("Fragments")에서 언급된 '어두운 밤'(dark night)으로 혼돈의 세계가 아니라 모든 진리를 얻을 수 있는 곳이다. '바짝 마른 밀'은 오랜 역사 속에서 과거의 경험과 기억을 담고 있는 숨은 지혜나 진리를 의미한다. 화자는 추수와 가는 것(grinding)과 천천히 오븐에 구워내는 심상을 통해 진리를 얻어가는 과정을 묘사하고 있다. 그러나 이 과정은 노동의 심상과 '천천히'라는 심상을 통해 알 수 있듯 여전히 화자에게는 다소 지루함을 주고 있다.

시의 후반에서 화자는 이제 술통에서 충분히 향이 배인 포도주를 찾아 즐기게 된다. 역사의 현장에서 찾아낸 포도주는 자연적이고 본능적인 삶의 근원에 가까운 것들을 나타낸다. 화자는 이제 자발적인 상상의 투시력으로 에베소의 일곱 술고래들이 잠든 곳을 찾아낸다. 예이츠는 이들의 잠을 현실 세계에서 잠든 것으로 해석하여 현실 세계가 상상력을 잠들게 하는 것으로 해석하고 있다(Ellmann *ibid* 265). 화자는 이제 앵무새를 싫증내지 않고 바라보며 상상력을 영혼보다 사랑하게 된다.

예이츠는 이 시에서 상상력에 대한 견고한 자기 통제를 통해 자신의 시의 세계와 시적 영감의 변화 과정을 보여주고 있다.

예이츠의 애인 모드 곤(1897)

AMONG SCHOOL CHILDREN

I

I walk through the long schoolroom questioning;
A kind old nun in a white hood replies;
The children learn to cipher and to sing,
To study reading-books and histories,
To cut and sew, be neat in everything
In the best modern way — the children's eyes
In momentary wonder stare upon
A sixty-year-old smiling public man.

II

I dream of a Ledaean body,[1] bent
Above a sinking fire, a tale that she
Told of a harsh reproof, or trivial event
That changed some childish day to tragedy —
Told, and it seemed that our two natures blent
Into a sphere from youthful sympathy,
Or else, to alter Plato's parable,[2]

1) 레다를 닮은 여인: 모드 곤을 말함.
2) 플라톤의 우화: 플라톤의 『향연』에 그리스의 희극작가 아리스토파네스는 어떻게

어린 학생들 사이에서

서혜숙

I

긴 교실을 걸으며 나는 질문을 던지고
흰 두건을 쓴 한 친절한 노수녀님이 대답을 한다.
아이들은 셈하기와 노래를 배우고,
책읽기와 역사를 공부한다.
재단과 재봉을 배우고, 여러 가지 면에서
최신의 방법으로 기교 있게 배운다. — 순간적으로
아이들은 놀라서 바라본다.
미소 짓고 있는 60세의 한 공인(公人)을.

II

커져가는 불 위에 허리를 구부린
레다를 닮은 한 여인[1]을 생각하고,
그녀가 말했던 가혹한 책망이 담긴 이야기나
철없던 날을 비극으로 바꿔버린 사소한 사건을 생각한다.
그것을 듣고서, 우리 두 사람이
젊은 공감에 하나의 구체(球體)로 뭉친 듯했다.
혹 달리 플라톤의 우화[2]로 바꾸어 말하자면,

제우스가 머리가 두 개이고 팔이 네 개에 다리가 네 개이며, 남녀 양성을 하나의 구체의 형체로 갖고 있었던 사람을 머리카락 한 올로 삶은 계란 자르듯 남녀로

Into the yolk and white of the one shell[3].

Ⅲ

And thinking of that fit of grief or rage
I look upon one child or t'other there
And wonder if she stood so at that age —
For even daughters of the swan can share
Something of every paddler's heritage —
And had that colour upon cheek or hair,
And thereupon my heart is driven wild:
She stands before me as a living child.

Ⅳ

Her present image floats into the mind —
Did Quattrocento finger[4] fashion it
Hollow of cheek as though it drank the wind[5]
And took a mess of shadows for its meat?
And I though never of Ledaean kind
Had pretty plumage[6] once — enough of that,

나누어 놓았는지를 설명하고 있다. 사랑은 잃어버린 짝을 찾아 합일을 이루려는 것으로 본다.

3) 계란의 흰자위와 노른자위: 토치아나(Donald Torchiana)는 1919년 모드 곤이 하나의 단단한 구체 속에 두 마리의 백조가 포옹하고 있는 삽화를 도안했다고 언급

하나의 계란 속의 흰자위와 노른자위[3] 같았다.

Ⅲ

그리고 그때 북받치던 설움과 분노를 생각하며
이 아이 저기에 저 아이를 바라본다.
그리고 마치 그 나이에 그녀가 서 있는 듯 놀란다—
아무리 백조의 딸이라 해도
모든 뭇 새들이 지니고 있는 유전적 특질을 물려받았을 것이니—
그리고 그녀의 뺨과 머리 빛이 저랬을까 생각하자
그러자 내 가슴은 거칠게 뛴다.
그녀는 내 앞에 생기 있는 아이로 서 있다.

Ⅳ

지금 그녀의 모습이 마음속에 떠오른다.
15세기 거장의 손[4]이 그런 모습을 만들었을까?
마치 바람을 마신 듯 홀쭉한 뺨[5]은
고기 대신 그 그림자를 먹은 때문일까?
그리고 나는 레다와 같은 족속은 아닐지라도
한때는 고운 깃털[6]을 지녔었다—그 정도 해 두자.

했다.
4) 15세기 거장의 손: 15세기의 거장 다빈치를 가리킴.
5) 마치 바람을 마신 듯 홀쭉한 뺨: 이 시를 쓸 당시 모드 곤의 몹시 여윈 모습.
6) 고운 깃털: 예전에 예이츠의 까마귀처럼 검은 머리.

Better to smile on all that smile, and show
There is a comfortable kind of old scarecrow[7].

V

What youthful mother, a shape upon her lap
Honey of generation[8] had betrayed,
And that must sleep, shriek, struggle to escape
As recollection or the drug decide[9],
Would think her son, did she but see that shape
With sixty or more winters on its head,
A compensation for the pang of his birth,
Or the uncertainty of his setting forth?

VI

Plato thought nature but a spume that plays[10]
Upon a ghostly paradigm of things;
Solider Aristotle[11] played the taws
Upon the bottom of a king of kings[12];

---

7) 늙은 허수아비: 나이 들어 쇠약해진 육신.

8) 생성의 꿀: 예이츠는 이 용어를 신플라톤 철학자 포피리(Porphyry)의 논문 「님프의 동굴」("The Cave of the Nymphs")에서 인용하였다. 포피리는 호머의 요정의 동굴에 대한 유명한 논문을 썼는데, 그 논문은 아직 태어나지 않은 영혼의 하강에 대한 비유를 묘사한다. 부모의 성적인 쾌락이 '생성의 꿀'이 되어, 아이들의 영혼이 태어나도록 유혹한다는 것이다.

9) 그 약이나 전생의 기억: 갓 태어난 아기가 탄생 이전에 자기의 아름다운 모습을 기억하고 지금 현재의 모습에 처참해하거나 그 약 즉 '생성의 꿀'이 그것을 잊

차라리 웃는 이에게 웃어 주고, 마음 편하고
친절한 늙은 허수아비[7]라는 것을 보여주자.

V

생성의 꿀[8]이 낳게 한 갓난아기,
그 약이나 전생의 기억[9]에 따라
잠들거나 소리 지르거나 도망치려고 몸부림치는
그 아기를 무릎에 안고 있는 젊은 엄마가
육십 혹은 그 이상 나이의 백발이 아기의 머리 위에
내린 모습을 본다면 그녀의 아들을
낳을 때 산고의 고통에 대한 보상이나
혹은 불안에 대한 보상으로 생각하겠는가?

VI

플라톤은 자연을 단지 물체의 그림자 같은 원형 위에[10]
어른거리는 하나의 물거품이라고 생각했다.
한층 실질적인 아리스토텔레스[11]는
왕 중 왕[12]의 엉덩이에 매질을 했었다.

게 해준다는 것이다. 그러나 예이츠는 포피리가 주장하는 그 약이 전생의 자유로웠던 기억을 없애 준다는 증거는 발견하지 못했다.

10) 플라톤은 자연을…: 플라톤은 변덕스럽고 부패하기 쉬운 물질세계를 이데아의 한낮 보잘것없는 그림자나 품위 없는 복사에 지나지 않는다고 가르쳤다.

11) 한층 실질적인 아리스토텔레스: 플라톤의 제자인 아리스토텔레스는 물질세계에 좀 더 가치를 두고 실재는 물질로 이루어진 형체라고 가르쳤다.

12) 왕 중 왕: 알렉산더 대왕을 가리키며, 아리스토텔레스는 마케도니아에서 그 왕을 가르쳤다.

World-famous golden-thighed Pythagoras[13)]
Fingered upon a fiddle-stick or strings
What a star sang and careless Muses heard:
Old clothed upon old sticks to scare a bird.

Ⅶ

Both nuns and mothers worship images,
But those the candles light are not as those
That animate a mother's reveries,
But keep a marble or a bronze repose.
And yet they too break hearts — O Presences
That passion, piety or affection knows,
And that all heavenly glory symbolise —
O self-born mockers of man's enterprise;

Ⅷ

Labour is blossoming or dancing where
The body is not bruised to pleasure soul,
Nor beauty born out of its own despair,
Nor blear-eyed wisdom out of midnight oil.
O chestnut-tree, great-rooted blossomer,

---

13) 황금 넓적다리를 가진 피타고라스: 그리스의 철학자, 수학자, 종교개혁자인 피타고라스는 음의 고저를 나타내는 음조는 현의 길이에 따라 울리는 정도를 수학

세상에 유명한 황금 넓적다리를 가진 피타고라스는[13)]
손으로 바이올린의 활을 잡고 현을 켜서
별이 노래하고 무심한 시신(詩神)이 들었던 노래를 연주했다.
그러나 낡은 막대에 낡은 옷 걸치고 새 쫓는 꼴이니.

Ⅶ

수녀나 어머니는 이미지를 숭배한다.
그러나 촛불로 밝히는 이미지는
어머니의 환상을 생기 있게 하는 이미지와는 달리
대리석이나 청동의 고요함을 간직하고 있다.
그렇지만 그것 역시 가슴을 아프게 한다— 아, '실재'여,
정열과 신심과 애정이 알고 있는 그것—
아, 스스로 제 몸에서 생겨 인간의 일을 조롱하는 자여.

Ⅷ

활동이 꽃피고 춤추는 그곳에서는
육체가 영혼을 즐겁게 하기 위해 상처 입지 않는다.
아름다움은 자체의 절망에서 나오는 것이 아니고,
침침한 눈의 지혜는 밤샘공부에서 나오지 않는다.
오, 밤나무여, 거대한 뿌리에서 꽃피는 그대여,

적으로 묘사할 수 있다고 주장했다. 또한 영혼은 영원히 윤회한다는 영혼의 재생설을 주장하기도 했다.

Are you the leaf, the blossom or the bole?
O body swayed to music, O brightening glance,
How can we know the dancer from the dance?

《해설》

이 시는 1926년 6월 14일에 쓰여 1927년 8월 『다이얼』(*The Dail*)에 처음 소개되었다. 삶에 대한 예이츠의 생각이 가장 잘 나타난 그의 대표작 가운데 하나로, 특히 마지막 연이 아주 유명하다. 60이 넘은 노년에 총체적으로 인생을 바라보는 시인의 원숙한 안목을 느낄 수 있는 시이다.

올브라이트(Daniel Albright)는 『탑』에 실린 시인의 작품을 따라가면, 「내 아들을 위한 기도」에서 탄생이, 이 작품에서 어린 시절이, 「젊을 때와 늙을 때의 남자」에서 노년이, 그리고 「모든 영혼의 밤」에서 죽음이 등장한다고 말한다. 그리고 이 시의 주제는 '교육'이라고 본다. 예이츠는 상원의원의 자격으로 몬테소리 이론에 따라 세워진 성 오터란 학교(St. Otteran's School)를 1926년 2월에 방문한 적이 있었다. 농업 국가인 아일랜드에 적합한 교육이라고 칭찬하는 보고서를 내긴 했지만, 이 시에서는 그 교육을 냉정한 시선으로 대하는 시인의 태도를 읽을 수 있다. 교육이 셈하기나 책읽기 혹은 재봉질하기와 같은 부분적인 것이 아니라 '춤'이여야만 한다고 예이츠는 결론짓는다. 인생은 영원히 위대한 전체성과 거대함을 지향하면서 그 목적과 의미를 얻는 것으로 본다.

예이츠가 이 학교를 방문하고 난 얼마 뒤에 적어 놓은 노트에서, "이 시의 주제는 학교 학생들과 인생이 그들을 허비한다는 생각, 아마도 그 학생들의 꿈과 심지어 그들 선생의 희망을 실현시킬 수 있는 인생은 없다는 생각이다. 옛날 말에 인생은 결코 일어나지 않는 일을 준비한다는 생각이 났다."고 밝혀 놓았다. 그러나 우리는 제8연을 주목할 필요가 그대는 잎이요, 꽃이요 아니면 줄기요?
오, 음악에 맞춰 흔들리는 육체여, 빛나는 눈짓이여,
우리가 어찌 춤과 춤추는 이를 구별할 수 있겠는가?

있다. 본인은 이 작품의 제8연을 한국 신라시대의 고승인 의상대사의 「화엄일승법계도」(華嚴一乘法界圖)에 나타난 화엄사상의 관점에서 해석해 보고자 한다. 한국의 전통 문화 속에서 자란 이들의 눈으로 이 작품을 조명해 보고 이해하는 작업에 그 의미를 두고자 한다. 서구의 이원론적인 갈등을 시인이 어떻게 풀어내고 있는지를 살피는 일에서 이 시의 백미를 느낄 수 있기 때문이다. 참고로, 한국에서 예이츠와 동양사상에 대한 연구는 이미 상당히 진행된 바 있다.

「어린 학생들 사이에서」는 예이츠가 60세 노년에 공인의 신분으로 한 초등학교를 방문했을 때의 경험으로 시작한다. 화자인 시인은 남성으로서 여성적인 의미를 지닌 세상과 직면하게 된다. 학교 어린이들이 모두 소녀들이고, 그들의 선생들이 모두 수녀들이고, 그들 사이를 걸어가면서 그 순간 그 소녀들의 모습에서 연상된 인물 역시 그의 영원한 연인 모드 곤이다. 첫 연에 등장하는 인물들은 제7연의 '열정, 신심 그리고 애정'과 관련된다. 이제 노년에 이른 시인은 젊은 시절 열정의 대상이던 여인도 역시 지금의 자신의 모습과 같으리라고 생각하면서 인생에 대한 통찰이 시작된다.

제2연에서 모드 곤을 트로이 전쟁의 원인이 된 절세의 미녀 헬렌(Helen)에 비유하고, 그녀가 알에서 태어난 것과 플라톤을 연관시켜 사랑을 한 알의 흰자위와 노른자위로 바꾸어 말한다. 사랑이란 나누어지기 이전의 상태로 되돌아가려는 인간의 몸부림이라고 본다. 그러나 노년에 이른 시인은 제4연에서 삶에 대한 회한과 세월의 무상함을 수용한다. '레다의 족속', '백조의 딸'로 영원불변의 존재로 시인의 마음속에 남아 있는 애인의 모습은 이제 볼이 홀쭉한 노파에 불과하고 자신도 늙어 한낮 허수아비에 지나지 않으니, 한평생 가슴 태우던 일들이 무슨 의미가 있겠는가?

그녀가 '마치 살아 생기 있는 어린아이처럼 그의 앞에 서 있는 것 같은 착각이 시인을 조롱한다. 이제 죽음을 앞둔 인생의 60에 이른 노시인의 개인적인 경험이 교실의 어린이들에게로 대치되면서, 그들도 자라서 늙고 죽게 될 것이라는 인식에 다다른다. 제5연에 이르면 그것이 다른 사람들에게로 보편화되어 삶에 대한 가치를 묻는 질문으로 이어진다. 무릎 위에 사랑스런 자신의 아기를 안고 있는 어떤 젊은 어머니가 그 아기에게서 시인 자신과 같은 백발의 미래를 산고와 육아의 가치로 생각하겠는가? 제3연에서 자신의 젊은 시절과 모드 곤을 꿈꾸는 시인은 더 이상 '60세의 미소 짓는 공인'이 아니고 가슴 벅찬 '경이로움'의 영역으로 돌아가듯이, 이미지의 꿈을 지닌 이들과 현실의 괴리가 인생의 찰나적인 덧없음을 말해 준다. 이와 같은 철학적인 탐구는 제6연의 철학자의 등장을 필요로 한다.

제6연에 등장하는 세 명의 서양 철학자들은 고대나 중세 또는 현대를 통해 가장 큰 영향을 미친 이들이다. 예이츠는 그 영향력이 가장 큰 플라톤을 언급하고 스승의 이론에 반론을 가하나 완전히 그의 그늘을 벗어날 수 없는 아리스토텔레스 그리고 플라톤의 철학의 기초를 제공한 피타고라스를 언급함으로, 시인 자신의 논점의 중심이 근본적으로 플라톤의 철학에 있음을 시사해 주고 있다. 플라톤은 그의 철학에 있어 피타고라스로부터 오피즘의 요소와 영원불멸에 대한 내세적인 신앙과 종교적인 어조 그리고 동굴의 비유뿐만 아니라 수학과 음악의 존중, 지성과 신비주의와의 밀접한 혼합 등에 대한 영향을 받는다. 플라톤의 이원론은 실재와 현상, 이데아와 감각의 대상, 이성과 지각, 영혼과 육신 등의 이원론이 그것이다. 그것들은 쌍쌍이 서로 관련되어 있고, 각 쌍에 있어서 첫째 것이 둘째 것보다 우위에 있다. 이데아의 세계가 실재계이며, 육신을 지니고 있는 동안에 영혼은 순수한 지식을 가질 수가 없다. 아리스토텔레스는 스승의 이데아론을 비판하고 그 대신에 보편개념에 대한 학설을 주장한다. 그러나 아리스토텔레스의 보편개념과 형상 사이에는 공통점이 많다. 형상은 질료보다 더 실재적이라는 말은 플라톤의 이데아의 실재성에 대한 잔재라고 볼 수 있다.

그러나 우리의 삶과 죽음의 문제를 해결하기 위해 등장한 세 사람의 위대한 서양의 철학자들의 추상적 이론으로는 명쾌한 결론에 도달할 수가 없다. 독자들은 시인이 플라톤의 '이상적 형식'을 'spume'과 'ghostly'와 같은 단어의 유희로 나타내어 얼마나 경멸하고 있는지를 주목해야 한다(Smith 86). 플라톤의 제자이자 왕 중 왕인 알렉산더 대왕의 스승인 아리스토텔레스는 한 사람의 철학자로서 이상세계가 아니라 실재세계에서 사물의 현실적 본질과 다양성의 계산과 이해에 갖는 관심 때문에 그의 스승보다 실재적이라는 말이다. 또한 여기에서 쓰인 'taws'는 제1연에서 노래하고 있듯이 '가장 현대적인 방법'을 가르치기 위해서 아일랜드 학교에서 사용되던 가죽 벨트를 가리키는 말로 그의 현실성을 지적하는 것이다. 그러나 앞의 제1연에서 'taws'에 의해 교육받은 학생들이 그들 선생의 꿈을 실현시킬 수 없다는 구절을 연상시킨다. 수학적 조화와 음계의 측정을 탐구한 피타고라스 또한 죽음 뒤의 영혼의 윤회에 대해 사색한다. 그러나 그의 탐구도 'careless'라는 단어가 시사하는바 효과가 없음을 암시한다. 그리하여 세 사람의 철학자 모두가 추구한 추상적인 지식의 한계를 드러내고 있는 것이다. 노년에 이른 시인처럼 이들 철학자들도 결국 허수아비 꼴을 면할 수 없을뿐더러, 죽음에 대한 두려움도 떨쳐버릴 수 없다. 추상적인 지식에 대응하기 위하여 시인은 제7연에서 분명하게 체현된 '이미지들'을 제시하고 있다.

철학자들의 추상적인 지식이 인생의 해답을 제시하지 못한 채, 구체적인 이미지들 즉 어머니의 애정이나 수녀의 신심 그리고 애인의 열정이 빚어낸 이미지가 그 정답을 일러주는지 긴장해 볼 일이다. 그러나 열정이나 신심이나 애정은 결국 마음이 빚어낸 허상일 뿐이다. 마음은 허상을 만들어 내고, 만들어진 그 허상에 의해 우리들은 가슴 아파해야 한다. 그와 같은 어리석음이 우리들의 일상을 지배한다. 애정은 어머니와 자식의 관계에서, 신심은 하나님과 수녀 사이에서 그리고 열정은 사랑하는 연인들 사이에서 생겨난다. 어떤 관계 속에서 무엇이 생겨나는 것이지 본디부터 존재하는 것은 없다. 제법무상이 연기(緣起)적으로 이루어져 있다는 것을 파악한 시인은 지금까지와는 다른 태도로 제8연을 기꺼이 노래하게 된다.

「어린 학생들 사이에서」의 제8연의 첫 4행을 화엄사상으로 분석하기 위해서, 「법성게」 시문의 첫 4구절을 살펴보기로 하자. 시문의 해석은 이기영 교수의 『한국불교연구』에 실린 자료를 따른다.

1. 법성원융무이상(法性圓融無二相) 법성은 원융하여 두 모습 없고
2. 제법부동본래적(諸法不動本來寂) 제법은 부동하여 본래 고요하고
3. 무명무상절일체(無名無相絶一切) 이름과 모양 다 끊어버리니
4. 증지소지비여경(證智所知非餘境) 깨달아 안 바라 다른 경지 아니네.

불교의 경론은 2세기 이래 인도에서의 역사적 발달에도 불구하고 중국에 많이 수입되어 번역된다. 화엄경은 두순과 지엄 그리고 법장의 3대에 걸친 노력에 의해서 그 체계가 이루어진다. 문헌 기록상으로 우리나라에서 화엄과 관련되는 최초의 인물은 자장법사이고, 원효와 의상에 의해 그 틀이 마련된다. 특히 화엄 사상의 정수를 담은 의상의 「화엄일승법계도」가 유명하다. 「화엄일승법계도」는 원도인 '법계도인'과 7언 30구의 시로 된 '법성게'와 해석 부분인 '법계도기'(法界圖記)까지를 통칭하는 말이다. 제목을 '법계도'라 한 것은 54각으로 된 도형에다 비중을 두었기 때문이지만 의상 자신도 '반시'(槃詩)라 하여 시로 규정하고 있다.

'법성'의 의미에 대해서 의상은 법이란 범부의 5척되는 몸과 마음이며, 성은 범부 오척신의 부동인 무주(無主)라고 한다. 그리고 이 부동인

범부의 몸은 곧 법신 자체인 것으로 설명하고 있다. 다시 말해서 법성이란 우리 범부의 몸과 마음이 부동이고 무주여서 곧 법신 자체인 것을 법성이라 한 것이다. 법성은 무분별을 상으로 한다. 그러므로 모든 중도에 있는 것은 무분별이 아님이 없다. 무분별을 자성으로 삼는다.(해주 309)

"육체는 영혼을 즐겁게 하기 위해 상처받지 않는다."는 구절에서 육체는 영혼보다 하위에 있을 뿐만 아니라 영혼을 위해 제거되어야 할 것으로 생각하는 서양철학에 대한 시인의 강한 반발로 볼 수 있다. 또한 육체는 영혼과 본질이 서로 다르지 않다는 의미를 지니고 있다. 동양의 불교적 관점에서 보면 우주의 만물 가운데 자기의 고유한 자성을 지닌 존재는 아무것도 없다고 한다. 그러므로 예이츠의 "육체는 영혼을 즐겁게 하기 위해 상처받지 않는다."는 구절을 "법성원융무이상"과 관련지어 해석하면, 몸과 마음은 본디 자성이 없으므로 서로서로 용납하여 받아들이고, 하나가 되어 원융무애한 무진 연기를 이루고 있다는 말로 설명할 수 있다. 이는 일체의 대립을 지양한 화합과 조화의 모습이다. 이와 같은 지혜는 한밤중의 탐독만으로 이루어지지 않는다. 제법실상에 대한 눈이 뜨여야 하며, 자각을 통해 비로소 구현되는 세계이다. 그래서 "증지소지비여경"이며, "법성이 원융무애한 그곳에선 활동이 꽃피고 춤춘다"고 환희의 노래를 할 수 있게 된다. 이는 지식만이 아니라 실천이 중요한 것이다.

그러면 법성 세계는 어떻게 들어가는가? 어떻게 지혜를 얻어 깨닫게 되는가? 바로 연기문을 통해서이다. 그래서 의상은 「법성게」의 첫 4구 증분(證分)도 자리행으로 규정하면서 그 자리행 속에 연기문을 시설하고 있다. 첫 4구에 이어서 연기를 나타내는 14구가 이어진다.

5. 진성심심극미묘(眞性甚深極微妙) 참 내 성품은 깊고도 미묘해
6. 불수자성수연성(不守自性隨緣成) 제 것이 어디 있나 연 따라 이룩되지.
7. 일중일체다중일(一中一切多中一) 하나 안에 일체요, 여럿 안에 하나

8. 일즉일체다즉일(一卽一切多卽一) 하나가 곧 일체요, 여럿이 곧 하나
9. 일미진중함십방(一微塵中含十方) 한 티끌 속에 십방 세계가 포함되어 있고,
10. 일체진중역여시(一切塵中亦如是) 일체의 티끌 속에 역시 또 그러하다.
11. 무량원겁즉일념(無量遠劫卽一念) 한량없이 먼 시간이 곧 한 생각이요
12. 일념즉시무량겁(一念卽是無量劫) 한 생각이 곧 한량없는 시간이니
13. 구세십세호상즉(九世十世互相卽) 구세와 십세가 서로 부합하지만
14. 인불잡난격별성(인 不雜亂隔別成) 뒤섞이는 일없이 간격을 두고 따로 서 있네.
15. 초발심시변정각(初發心時便正覺) 초발심이 일 때가 그대로 정각이니
16. 생사열반상공화(生死涅盤常共和) 생사와 열반이 항상 함께 하네.
17. 이사명연무분별(理事冥然無分別) 이와 사가 명연히 무분별하니
18. 십불보현대인경(十佛普賢大人境) 십불과 보현의 경지로다.

의상은 부분과 전체를 일(一)과 일체(一切), 다(多)와 일(一)로 요약해 버린다. 수많은 언어적 표현은 결국 일과 일체, 다와 일의 문제로 요약될 수 있기 때문에 결국 이 양자의 관계만 논하면 된다고 본다. 부분 속에 전체가 있고 전체 속에 부분이 있다. 부분 자체가 곧 전체이고, 전체 자체가 곧 부분이다. 예이츠의 "오 위대한 밤나무여, 거대한 뿌리에서 피는 꽃이여 / 너는 잎이냐 꽃이냐 아니면 줄기냐?"도 전체와 부분의 관계로 해석 가능하다. 밤나무는 잎과 꽃과 줄기 등의 부분으로 구성되어 있으며, 밤나무 잎 · 꽃 그리고 줄기는 각각 그 하나만으로도 밤나무 전체를 나타낼 수 있다. 이 구절은 「어린 학생들 사이에서」 제8연의 5, 6행이다. 첫 4행과 마지막 7, 8행이 영혼과 육체의 완전한 조화를 나타내는 "존재의 합일"(Unity of Being)이 노래되고 있다는 평과 함께 5, 6행은 다른 행과의 관계에서 부적절하게 삽입되어 있다는 의견이 제시된다. 그러나 5, 6행은 시인이 만물의 실상을 연기적 관점에

서 바라보고 있음을 분명히 시사해 주고 있는 중요한 부분이다.

『화엄경』에서는 “일체의 연생법은 육상(六相)으로 되지 않는 것이 없다.”고 하고, “육상은 바로 연기의 무분별한 이치를 나타내는 것이다.”라고 한다. 육상은 총(總)과 별(別)의 두 상은 법이 무진(無盡)함을 표시하고, 동(同)과 이(異)의 두 상은 법이 무애(無礙)함을 나타내고, 성(成)과 괴(壞)의 두 상은 법이 치우침이 없음을 보여주는 것이다. 일승법의 뜻은 이 세 가지를 벗어나지 않는다. 법장은 집의 비유를 들어 육상원융을 설명하고 있다. 그 집을 밤나무로 바꾸어 보면, 예이츠의 “오 위대한 밤나무여, 거대한 뿌리에서 꽃피는 그대여 / 그대는 잎이요 꽃이요 아니면 줄기요?”라는 구절의 정체가 더욱 선명하게 드러난다. 집이 총상이고 서까래, 기와 기둥이 별상인 것처럼 밤나무는 총상이고 잎, 꽃, 줄기는 별상이다. 별상이란 잎, 꽃, 줄기 등이 제연(諸緣)이 각각 다른 까닭에 한 총상으로서의 밤나무 가운데서 하나가 아닌 덕을 나타낸다. 그러므로 별상이 총상의 무진함을 가리킨다고 말하는 것이다. 결국 별상이 전체인 총상과 별개의 것이 아니라 온전히 같음을 알게 하고자 별상 다음에 동상을 밝히고 있다. 동상이란 잎, 꽃, 줄기 등 모든 밤나무 연이 화합하여 한가지로 밤나무를 이루는 것이나. 동상은 모든 연이 화합하여 밤나무를 이루는 것이고, 총상은 오직 전체의 밤나무만을 말한다는 것이다. 이상이란 잎, 줄기 등 모든 연이 스스로의 형태와 유형에 따라서 서로 차별한 까닭이다. 이와 같이 이상을 말미암아 동상이 이루어지기 때문에 이상은 동상과 다르면서 다르지 아니하다. 잎, 꽃 등 모든 연이 한가지로 밤나무를 이루었다면 모든 연이 각각 서로 다른 줄 알 수 있을 것이니 이상은 또 동상에 의해 이상이 있는 것이다. 성상이란 모든 연을 말미암아 밤나무의 뜻이 이루어지기 때문이다. 그런 까닭에 잎, 줄기 등을 연이라 부른다. 잎, 줄기 등 모든 연이 각각 자기 자리를 움직이지 아니하면서 밤나무를 이루게 되니 성상이다. 잎은 잎의 역할, 꽃은 꽃의 역할 등 각기 제자리에서 다른 역할을 담당하는 것이 괴상이다. 이처럼 육상은 서로 상즉하면서도 또한 제 모습을 지니는 것이다.

이와 같이 법장의 '집'을 예로 들어 설명한 육상에 예이츠의 '밤나무'를 대치시켜 봐도 그대로 적용됨을 알 수 있다. 법장은 "총상은 하나의 집이고, 별상은 모든 연이다. 동상은 서로 상위하지 않음이며, 이상은 모든 연이 각각 다름이다. 성상은 모든 연이 과를 판별함이요, 괴상은 각각 자법(自法)에 머무는 것이다."라고 부연하고 있다. 법장은 집의 비유뿐만 아니라, 금사자상의 비유로도 육상을 설명하고 있다. 이와 같이 법장의 사유(舍喩)는 의상의 인유(印喩)를 참조한 후에 이루어졌다.

「법성게」는 '한 티끌 속에 십방세계가 포함되어 있고, 일체의 티끌 속에 역시 그러하다'는 서양의 이분법적인 공간개념을 거부한다. 고대 그리스에서 참된 철학자들은 전적으로 영혼에 관여해야 하며, 육신에 관여해서는 안 된다고 생각한다. 그들은 육신을 떠나 영혼으로 돌아가기를 바란다. 영혼이 육신 속에 매여 있는 동안에는 진리에 대한 우리의 욕구는 충족되지 못한다. 육신을 지니고 있는 동안에 영혼은 순수한 지식을 가질 수가 없고, 설사 그 지식을 가질 수 있다 하더라도 죽은 후에나 얻게 되기 때문이다. 영혼이 육신을 떠나는 것 이외에 달리 정화가 있을 수 없다. 그런데 영혼이 육신에서 떠나는 것은 곧 죽음이다. 그러므로 영혼과 육체, 천국과 지상세계를 이분법으로 나누는 서양에서는 현세에서 천국에 이르는 방법이 있을 수가 없다. 그러나 작은 것 속에 큰 것, 큰 것 속에 작은 것이 서로 침투되어 있는 동양의 화엄적 세계관은 천국과 지상의 구별이 없어지고, 중생과 부처의 구별이 없어지므로 현세에서의 득도와 해탈이 가능하게 되는 것이다. 그러므로 생사와 열반이 늘 함께 어울린다.

「어린 학생들 사이에서」의 제8연 마지막 7, 8행에서 영혼이 속하는 천국의 이미지와 지상에 속하는 육체의 이미지 가운데 육체의 이미지가 기쁨에 가득 차 있음을 보게 된다. '춤'과 '춤추는 이'를 구별할 수 있는 경지를 깨닫고 난 뒤의 법열인 것이다. 그것은 영혼이 속하는 천국에 가서 얻어지는 것이 아니라, 지금 여기에서 가능한 것이다. 「법성게」의 제17, 18구는 연기분의 결론 부분에 해당된다. "이와 사가 명연히 무분별하니 / 십불과 보현의 경지이다." 이와 사, 즉 본체계와 현상계가 둘이 서로 떨어져 있는 것이 아니고 하나의 걸림이 없는 상호 관계 속에 있음을 말한다. 법장은 '금사자' 장(章)에서 금사자의 비유를 들어 이를 설명하고 있다. 금이라는 금속은 이의 미분화된 본체를 상징하며, 사자라는 가공품은 분화된 사 혹은 현상인데, 사자가 금에 의존하여 표상되고 있음이 바로 이사무애의 경계라는 것이다. 여기에 '춤추는 이'를 이로, '춤'을 사로 적용시켜 여래장 연기의 관계를 설정할 수 있다. 이 이사무애를 바탕으로 사사무애의 세계가 가능하며, 이는 직접적이고 구체적인 체험과 실천행을 통해 현현하는 세계이다. 그래서 예이츠는 이 시의 제8연의 첫 행에서 "활동이 꽃피고 춤춘다."고 노래하는 것이다.

영육의 완전한 조화상을 시인은 "꽃피고, 춤춘다."고 표현하고 있다. 그러므로 지성보다 지혜가 더욱 위대하다. 지혜는 이 시 첫 연의 학생들의 현대적인 교육과 제6연의 세 사람의 철학자들의 방법으로 얻어질 수 있는 것이 아니다. 더 이상 육체는 수녀들이 숭상하는 이미지로 상징되는 영혼에 의해서 거부되거나 희생되지 않는다. 마지막 연에 와서 시인은 허수아비의 이미지로 늙은 자신을 조소하던 이제까지의 분위기를 극적 전환하여 승리에 찬 흥분된 분위기로 만든다. 뭔가 기적적인 일이 벌어진 것이다. 『화엄경』의 십불보현의 경지를 체험한 이가 어찌 손뼉 치며 기뻐 춤추지 않겠는가? 만면에 웃음꽃으로 덩실덩실 춤이 절로 나올 것이며, 노년인들 인생이 즐겁지 않겠는가? 춤과 춤추는 이는 하나가 되는 것이다. 이쯤 되면 인생 공부는 썩 잘한 셈이 되니 이 세상에 온 숙제는 풀고 갈 수 있지 않겠는가? 니르바나를 성취한 인도나 일본의 승려를 '존재의 합일'을 성취한 인물의 예로 제시하는 시인의 뜻을 이해할 수 있는 대목이다.

COLONUS' PRAISE

(From 'Oedipus at Colonus')

Chorus. Come praise Colonus' horses, and come praise
The wine-dark of the wood's intricacies,
The nightingale that deafens daylight there,
If daylight ever visit where,
Unvisited by tempest or by sun,
Immortal ladies tread the ground
Dizzy with harmonious sound,
Semele's lad a gay companion.

And yonder in the gymnasts' garden thrives
The self-sown, self-begotten shape that gives
Athenian intellect its mastery,
Even the grey-leaved olive-tree
Miracle-bred out of the living stone;
Nor accident of peace nor war
Shall wither that old marvel, for
The great grey-eyed Athena stares thereon.

Who comes into this country, and has come
Where golden crocus and narcissus bloom,
Where the Great Mother, mourning for her daughter

콜로누스의 찬미

(「콜로누스의 오이디푸스」로부터)

우철환

합창. 와서 콜로누스의 말(馬)들을 찬미하라.
또 뒤얽힌 숲의 포도주색 음영을,
거기 일광을 귀머거리 되게 하는 나이팅게일을,
불멸의 귀부인들이 아름다운 화음에 혼미해져 지면을 밟는
폭풍도 햇볕도 들지 않는 곳
그곳을 일광이 찾아든다면,
세멜의 아들 디오니소스는 유쾌한 벗이거늘.

또 저기 체육인의 정원에
아테네의 지성(知性)에 완성의 경지를 보여주는
스스로 씨 뿌리고 스스로 생겨난
형상이 무성하다.
자연 그대로의 돌로부터 기적으로 생겨난
잿빛 이파리의 올리브나무도.
우연한 전쟁이나 평화도
그 옛 경이를 시들게 하지 않으리라,
그 고명한 잿빛 눈의 아테나가 주시하고 있으니.

이 고장에 들어와,
대모(大母)가 딸로 인해 슬퍼하며
잿빛 올리브나무 사이에서 반짝이는 강물의

And beauty-drunken by the water
Glittering among grey-leaved olive-trees,
Has plucked a flower and sung her loss;
Who finds abounding Cephisus
Has found the loveliest spectacle there is.

Because this country has a pious mind
And so remembers that when all mankind
But trod the road, or splashed about the shore,
Poseidon gave it bit and oar,
Every Colonus lad or lass discourses
Of that oar and of that bit;
Summer and winter, day and night,
Of horses and horses of the sea, white horses.

《해설》

이 작품은 소포클레스의 비극 『콜로누스의 오이디푸스』라는 비극에 나오는 송시(頌詩)의 번역이다. 예이츠뿐 아니라 무릇 어떤 시인이라 해도 다른 사람의 작품을 번역하여 자신의 시집 속에 자신의 작품으로 삽입한 것은 참으로 이례적인 경우라 하겠다. 2000년 넘게 시간을 거슬러 올라가 희랍 비극의 합창 부분을 번역하여 시집 『탑』에 독립된 작품으로 실린 것은 그럴 만한 이유가 있을 것이다. 우선 페르시아 전쟁과 펠로폰네소스 전쟁을 겪으며 시민으로, 예술가로 격동의 시기를 견디어 낸 노 비극작가인 소포클레스가, 자신이 처한 어려운 상황을

아름다움에 취해
한 송이 꽃을 꺾어 그녀의 상실을 노래한,
황금색 크로커스와 수선화가 만발한 곳에 이른 이,
즉 아티카의 수량 풍부한 세피수스 강을 발견한 이는
세상의 절경을 발견한 것.

이 고장이 경건한 마음을 갖고 있어서
모든 인간이 길을 걷거나,
해변에서 물을 튀기며 놀기만 하던 시절에,
포세이돈이 이 고장에 말 재갈과 노(櫓)를
준 것을 기억하기 때문에
콜로누스의 젊은 남녀는 노와 말 재갈에 대한 이야기를 한다.
여름이고 겨울이고, 밤이고 낮이고
말과 하얀 말인, 바다의 말에 대하여 이야기한다.

시집 『탑』에서 극화시키고 있던 예이츠에게는 노년에 이르기까지 정열적으로 예술 활동에 종사하며 헌신적 시민의 본보기가 되었던 인물로서 그의 마음을 사로잡았을 것이다. 그런 작가의 비극 『콜로누스의 오이디푸스』의 주인공 오이디푸스 역시 예이츠의 마음을 사로잡은 인물이라 하겠다. 오이디푸스는 자신의 비극적 운명의 전개를 예정해 놓았던 신탁이 실현됨에 따라 테베의 왕에서 눈먼 떠돌이 신세로 전락한 인물이다. 작품 「탑」에서 장님이었던 호머에 대해 각별한 관심을 보인 바 있는 예이츠에게 저주를 몸에 지고 사는 눈먼 오이디푸스의 삶의 모습도 관심의 초점이 되었음에 틀림없다. 이때 예이츠가 눈먼 상태

자체에 관심을 두었다기보다는 그 상태의 상징적 의미에 관심을 두었음은 의심의 여지가 없다. 예이츠에게 호머와 라프터리 같은 눈먼 시인들이란 아무것도 볼 수 없는 불구자가 아니고, 육신의 눈은 멀었지만 마음의 눈이 개안된, 시각이라는 단순한 감각능력에 매이지 않고 그것을 초월한 직관력・예지력을 지닌 시인을 뜻하기 때문이다. 예이츠가 다른 사람의 작품의 번역을 자신의 작품 속에 넣은 또 하나의 이유는 언터레커(John Unterecker)의 지적처럼 이 작품 바로 앞에 나오는 「어린 학생들 사이에서」("Among School Children")와 이미지를 비롯해 몇 가지 유사한 면을 갖고 있기 때문이기도 하다.

이미 언급했던 것처럼 소포클레스의 비극에서 이 부분은 「콜로누스의 오이디푸스」의 합창 부분인데, 눈먼 떠돌이 오이디푸스가 아티카의 한 지역인 콜로누스에 들어와 살고자 하나 주민들의 거부로 어려움을 겪고 있을 때 아테네의 테세우스가 오이디푸스를 보호해 주겠다고 약속하고 난 뒤에 나온다. 데이비드 영(David Young)의 말과 같이 오이디푸스를 위한 이러한 아테네의 환대는 그가 당도한 콜로누스의 지배적인 모습인 인간과 자연의 조화로운 관계에 대한 찬미의 신호탄처럼 보인다. 따라서 이 시의 제목과 같이 콜로누스에 대한 찬미의 합창이 흘러나오게 된다.

제1연은 예이츠가 원하는 것이 풍요와 관능의 이미지를 만들어 내는 것이라는 로버트 스누컬(Robert Snukal)의 지적처럼 풍요와 관능의 이미지를 보여주고 있다. "콜로누스의 말들," "포도주색 음영," "일광을 귀머거리 되게 하는 나이팅게일"의 비할 데 없이 아름다운(관능적) 노랫소리, "불멸의 귀부인들(여신들)"과 "디오니소스" 등이 그러한 이미지들이다. 콜로누스의 모든 것이 찬미의 대상이 되는 셈이다. 새로이 정착해 몸을 의탁하고 궁극적으로 몸을 묻게 될 콜로누스의 모든 것이 오이디푸스를 흡족하게 만들어 주고 있음이 드러난다.

제2연에서는 아테나 여신이 아테네를 위해 제공한 올리브나무가 나온다. 희랍 신화에 의하면 아테네 시를 두고 아테나 여신과 포세이돈이 경쟁을 벌였으나 말(馬)을 제공한 포세이돈보다 올리브나무를 제공한 아테나 여신이 승자가 되어 아테네의 수호여신이 되었다는 것이다. 이 올리브나무는 바로 앞의 시 「어린 학생들 사이에서」에 나오는 "거대한 뿌리 깊은 꽃나무"(great rooted blossomer)와 '존재의 합일'(unity of being)의 상징이라는 점에서 일치한다. 따라서 그 올리브나무는 "스스로 태어나 인간의 계획을 비웃는 자들"(self-born mockers of man's enterprise)처럼 "스스로 씨 뿌리고 스스로 생겨난 형상"이다. 다시 말해서, "자연 그대로의 돌로부터 기적으로 생겨난 / 잿빛 이파리의" 나무로서 아테나 여신의 보호의 눈길에 힘입어 세상에 어떤 세파가 몰려와도 변치 않는 — "우연한 전쟁이나 평화도 / 그 옛 경이를 시들게 하지 않으리라" — 그런 나무이다. 이 올리브나무 역시 찬미 받아 마땅하다 할 것이다.

제3연 역시 아티카를 흐르는 세피수스 강의 발견을 세상의 절경의 발견과 동일시함으로써 간접적인 찬미를 한다. 오이디푸스가 도달한 곳은 데메테르 여신이 자신의 딸 페르세포네를 잃고 슬픔에 잠겨 있어도 아름다움에 취하게 하는 곳이고 — "대모(大母)가 딸로 인해 슬퍼하며 / 잿빛 올리브나무 사이에서 반짝이는 강물의 / 아름다움에 취해 / 한 송이 꽃을 꺾어 그녀의 상실을 노래한" — "황금색 크로커스와 수선화가 만발한 곳"으로 "수량 풍부한 세피수스 강", 즉 "세상의 절경"이다. 딸의 상실도 아름다움에 취해 노래 부르게 만드는 곳을 어찌 찬미하지 않을 수 있을까?

마지막 제4연에 이르면 포세이돈이 아테네에 주었던 선물인 말 재갈과 노(櫓)가 찬미의 대상으로 등장한다. 아테네 사람들이 포세이돈의 은혜를 잊지 않는 '경건한 마음을 갖고 있어서' 이들이 미개했던 시절, 즉 "모든 인간이 길을 걷거나 / 해변에서 물을 튀기며 놀기만 하던 시절에" 포세이돈이 말 재갈과 노를 선물로 주어 개화된 삶을 살게 된 것을 기억하기에 "콜로누스의 젊은 남녀는" "여름이고 겨울이고, 밤이고 낮이고" 말에 대하여 그리고 노 저을 때 생기는 하얀 물거품 — "하얀 말인, 바다의 말" — 에 대하여 이야기한다는 것이다. 포세이돈의 선물은 한마디로 인간의 현실생활에 필요한 실용적 선물이라 할 수 있다. 앞의 세 개의 연이 자연의 아름다움에 대한 찬양이었다면, 제4연은 이 실용적 선물들과 그 선물을 준 포세이돈을 찬미의 대상으로 삼고 있다. 이 작품은 시간적으로 비록 2천년도 넘는 과거에 그리고 공간적으로 유럽 대륙 안에서 아일랜드로부터 가장 먼 곳인 희랍의 이질적 문화를 바탕으로 생산된 비극의 한 부분을 번역한 것이지만, 시집 『탑』의 전체적 분위기와 흐름에 잘 조화를 이루고 있다는 것이 데이비드 영의 주장이다.

투르 발릴리 내부의 유명한 나선형 계단(winding stair)

WISDOM

The true faith discovered was
When painted panel, statuary,
Glass-mosaic, window-glass,
Amended what was told awry
By some peasant gospeller;
Swept the sawdust from the floor
Of that working-carpenter.
Miracle had its playtime where
In damask clothed and on a seat
Chryselephantine, cedar-boarded,
His majestic Mother sat
Stitching at a purple hoarded
That He might be nobly breeched
In starry towers of Babylon
Noah's freshet never reached.
King Abundance got Him on
Innocence; and Wisdom He.
That cognomen sounded best
Considering what wild infancy
Drove horror from His Mother's breast.

지혜

우철환

참된 신앙이 발견되었다.
패널 그림, 조상(彫像), 유리 모자이크, 창유리 그림이
어떤 시골뜨기 전도사의
그릇된 설교를 바로잡았을 때.
그 목수의 일터의 바닥에서
톱밥을 말끔히 쓸어낸 셈이다.
기적이 신나게 노는 시간은
위엄 있는 그의 어머니가
능직천의 옷을 입고,
삼나무 널을 댄 금과 상아로 만든 의자에 앉아,
자신의 아들이
노아의 홍수도 미치지 못했던
바빌론의 별빛 찬란한 탑 속에서
고귀하게 반바지를 차려입도록
마련해 둔 자주색 옷을 바느질할 때이다.
풍부대왕은 순결과의 관계에서 그를 얻었는데, 그는 지혜.
그 명칭은 어떤 사나운 어린 시절이
그의 어머니의 가슴에서 공포를 몰아냈는지
감안할 때 으뜸으로 여겨진다.

《해설》

이 작품은 전통적인 기독교 신앙과 예수 그리스도에 대한 아이러니가 섞인 재해석이라 할 수 있다. 이 작품은 해설하기가 사실상 매우 어렵다. 이렇게 만드는 요소는 필시 해저드 애덤스(Hazard Adams)의 말처럼 '의도적으로 비의적(秘儀的)'인 작품이어서 "독자를 상반된 두 가능성 사이에서 어리둥절하게 만들고 있"기 때문이라 할 수 있다. 즉 "예술이 신화와 전설을 시정(是正)하여 이야기의 미화를 통해 참된 신앙을 만들어 내는가? 아니면 원래의 비전을 왜곡시키는가?", "지혜는 풍부와 순수의 결합의 소산인가?" 등등의 의문에서 확실하게 어떠하다고 단언할 수 없기 때문이다.

우선 "참된 신앙"이 발견되었다고 주장함으로써 전통적인 기독교 신앙을 거부하고 있음을 알 수 있다. 이 주장은 성직자나 신학자가 아닌 시인 예이츠에 의해 제기되고 있고 바로 이 점에서 우리는 예이츠의 독특한 기독교관을 엿볼 수 있다. 과거의 잘못된 신앙을 바로잡고 있는 주체는 성직자 또는 신학자가 아니고 "패널 그림, 조상(彫像), 유리 모자이크, 창유리 그림"이고, 이러한 미술작품들이 "어떤 시골뜨기 전도사의 그릇된 설교"를 바로잡았을 때가 그 계기라는 것이다. 즉 전통적 기독교 교리와 신앙에 매여 있는 고루한 신앙의 틀 속에 갇혀 있는 "어떤 시골뜨기 전도사"의 설교는 참된 신앙의 길잡이가 될 수 없고, 자유로운 창작 의지와 고도의 예술적 감각을 지닌 미술가들이 기독교 신앙을 예술적으로 해석하여 작품화한 미술작품 속에 드러난 신앙의 모습이야말로 온전한 신앙의 길잡이라는 주장이다. 이어서 나오는 "그 목수의 일터의 바닥에서 톱밥을 말끔히 쓸어낸 셈이다."라는 구절은 단정적 해설이 불가능하다. 재패어즈(Jaffares)에 의하면, 초판 인쇄에서 그 구절(6, 7행)은 "바닥의 톱밥과 목수들의 더러운 손톱의 꿈"이었다. 문장 구조상 이 부분은 동사 amended의 목적어로 보아야 하는데 "바닥의 톱밥과 목수들의 더러운 손톱의 꿈"도 "시골뜨기 전도사"의 설교처럼 시정(是正)의 대상이라는 것을 알 수 있다. 고지식해서 앞뒤 꽉 막힌 시골뜨기 전도사는 블레이크(William Blake)의 「사랑의 정원」("The Garden of Love")에 나오는 사제처럼 신앙의 이름으로 "해서는 안 되느니라"(Thou shalt not)라는 말을 연발하면서 인간을 옥죄고 질식시키는 내용의 설교를 할 것이라고 짐작할 수 있다. 이것은 "인간의 세속적 완성"(profane perfection of mankind)을 꿈꾸는 예이츠에게는 용납되지 않는 내용의 설교라 할 수 있다. 당연히 시정의 대상이라 하겠다.

그렇다면 목공소의 톱밥과 때가 낀 목수의 손톱의 꿈이란 무엇인가? 그것이 어떻게 시정되어 참된 신앙의 발견으로 이어진다는 말인가? 여기에 나오는 목수란 성서 속에 성모 마리아의 남편인 요셉을 가리킨다고 보아야 할 것이다. 성서에 의하면 요셉은 현세에서 예수의 아버지가 된다. 그 요셉의 입장을 생각해 보면 위의 의문을 풀 수 있는 실마리에 대한 짐작이 가능하다. 그는 자신의 의지와 무관하게 신의 아들인 예수의 아버지가 되었지만 생업은 목수였고 선택받은 사람으로서 그에게 주어진 것이라곤 세속적 의미에서의 축복은커녕 크나큰 부담뿐이었으리라. 왜냐하면, 신(神)의 아들을 부양한다는 부담 외에 먹고 살기 위해서 손이 더러워지고 손톱에 때가 끼도록 목수 일을 해야 하는 경제적 부담을 짊어져야 했기 때문이다. 이런 상황에서 그는 주어진 운명을 거슬러 구질구질하고 답답한 현실에서 벗어나기를 꿈꾸었을지도 모른다. 그런데 예이츠는 이 두 행을 최종적으로 "그 목수의 일터의 바닥에서 톱밥을 말끔히 쓸어낸 셈이다."로 바꾸었다. 아마도 그는 현실의 구질구질한 요소를 정화시켜 예술적 차원으로의 승화를 상징하는 표현이 되도록 의도했던 것 같다. 목수일도 어느 면에서는 예술가들이 하는 일과 통한다는 점이 암시되고 있다.

다음에 나오는 것은 기적에 관한 내용이다. 신약성서에는 예수가 행한 기사이적(奇事異蹟)에 대한 일화가 몇 차례 나온다. 이 작품에서의 기적은 전통 기독교의 입장에서 당연시하는 예수의 기사이적과는 거리가 멀다. 초자연적인 신비한 능력의 발현으로서의 기적이 아니고 현실 차원에서의 평범한 일상사의 수행을 기적과 연결시키고 있다. "자신의 아들이 / 노아의 홍수도 미치지 못했던 / 바빌론의 별빛 찬란한 탑 속에서 / 고귀하게 반바지를 차려입도록 / 마련해 둔 자주색 옷을 바느질할 때"가 "기적이 신나게 놀 때"라고 함으로써 일상의 차원에서 일상을 넘어서는 기적이 나타나는 상황을 상정한다. 성모 마리아가 자신의 아들이 입을 옷을 바느질하는 모습을 상상하기란 쉬운 일이 아니다. 전통 기독교의 관점에서 볼 때, 성모 마리아의 모습은 일상사를 하는 모습보다는 늘 성스러운 신격화된 모습으로만 연상될 수밖에 없고 또 대부분의 미술작품 속에서도 그런 모습을 보여주기 때문이다. 일상의 차원에서 일상을 넘어서는 기적이 일어나는 때란 다름 아닌 일상사를 통해 일상의 모습이 예술적 차원으로 승화될 때이다. 이런 의미에서 마리아의 바느질은 예술 창작 행위와 관련된다.

"노아의 홍수도 미치지 못했던 / 바빌론의 별빛 찬란한 탑" 역시 예술과 관련된다고 보아야 할 것이다. 이 점에 관해서는 위타커(Thomas R. Whitaker)의 지적이 매우 시사적이다. 그는 인간이 천국과 대화하는 통로는 시, 그림 그리고 음악인데 이 인간의 세 가지 예술의 창작 능력은 대홍수도 휩쓸어가지 못했다는 블레이크의 말을 인용하며 천국과의 대화로서의 예술은 인간이 만든 것이면서 동시에 초월적 계시이고 그것으로 인간은 시간과 공간의 홍수 너머의 영역에 접근한다고 말한다.

마지막 부분 역시 전통 기독교의 입장을 부정한다. 전통 기독교의 입장에서 볼 때, 예수는 기독교의 야훼 신의 뜻에 따라 동정녀 마리아에 의해 출생했다는 것이 정설이다. 이 작품에서는 "풍부대왕은 순결과의 관계에서 그를 얻었다."고 표현되어 있다. 다시 말해, 기독교 신과 마리아와의 성관계에 의해 예수가 태어났음을 암시하고 있다. 「레다와 백조」에서처럼 제우스신이 레다를 겁탈하여 헬렌을 낳게 한 것과 크게 다를 바 없다. 이 작품의 제목인 '지혜'에 대해서는 마지막 부분에서 다루어지는데, 애덤스가 왜 이 시를 비의적(秘儀的)이라고 했는지 실감할 수 있다. 언터레커는 마리아의 경험이 레다의 경험과 같이 신의 격렬한 출현에 대한 공포이고 예이츠가 암시한 것처럼 결국 초자연과의 격렬한 만남에서 얻게 된 통찰력 즉 지혜에 의해 보상되었을지도 모른다고 말한다. "사나운 유년 시절"에 대해서는 예이츠에게나 블레이크에게 있어서 사나움 또는 '과도함'(excess)은 예술 속에서, 그리고 예술을 통해, 알려진 능동적 힘이다. 전통적 믿음의 어린 양은 사실상 블레이크의 차원 높은 순수의 영역에 사는 젊은 사자가 된다는 위타커의 말이 시사적이다.

THE FOOL BY THE ROADSIDE

When all works that have
From cradle run to grave
From grave to cradle run instead;
When thoughts that a fool
Has wound upon a spool
Are but loose thread, are but loose thread;

When cradle and spool are past
And I mere shade at last
Coagulate of stuff
Transparent like the wind,
I think that I may find
A faithful love, a faithful love.

《해설》

이 시는 1922년 『일곱 편의 시와 미완성의 시』(*Seven Poems and a Fragment*)라는 예이츠의 소 시집에 발표된 「영웅, 소녀 그리고 바보」("The Hero, the Girl and the Fool")의 마지막 부분으로 이루어져 있다. 「영웅, 소녀 그리고 바보」는 총 29행으로 구성되어 있는데 『예이츠의 시 전집』(*Collected Poems of W. B. Yeats*)에서 그 시의 앞부분 1-18행은 삭제되고 마지막 「길가의 바보」("The Fool by the Roadside") 부분만

길가의 바보

조동열

요람에서 무덤으로 달려왔던
나의 모든 일들이
대신 무덤에서 요람으로 달릴 때
어떤 바보가 실패에
감이온 생각이
단지 풀린 실일 때, 단지 풀린 실일 때

요람과 실패가 지난 일이 되고
그리고 내가 바람처럼
투명한 것으로 굳어져
마침내 희미해질 때,
나는 찾을 수 있을 것이라 생각합니다
믿을 수 있는 사랑을, 믿을 수 있는 사랑을.

수록되어 있다. 이 작품은 길가의 바보가 앞부분에서 이루어지는 영웅과 소녀의 대화를 엿듣고 하는 답변 부분이다. 「영웅, 소녀 그리고 바보」의 삭제된 앞부분은 다음과 같다.

The Girl: I rage at my own image in the glass
    That's so unlike myself that when you praise it
    It is as though you praised another, or even
    Mocked me with praise of my mere opposite;
    And when I wake toward morn I dread myself,
    For the heart cries that what deception wins

Cruelty must keep; therefore be warned and go
If you have seen that image and not the woman.

The Hero: I have raged at my own strength because you
Have loved it.

The Girl: If you are no more strength than I am beauty
I had better find a convent and turn nun;
A nun at least has all men's reverence
And needs no cruelty.

The Hero: I have heard one say
That men have reverence for their holiness
And not themselves.

The Girl: Say on and say
That only God had loved us for ourselves,
But what care I that long for a man's love?

소녀: 나는 거울에 비친 내 모습에 분노합니다.
그 모습은 내 자신과 같지 않아서 당신이 그 모습을 칭찬할 때면
마치 당신이 또 다른 사람을 칭찬하거나 아니면
나의 반대 모습에 대한 칭찬으로 나를 조롱하는 것 같습니다.
내가 아침에 깨어날 때 나는 내 자신이 무섭습니다.
왜냐하면 잔인함은 속임수가 얻은 것을 간직하고 있음이 틀림없다고
가슴이 소리쳤기 때문입니다. 그러기 때문에
그리 알고 가세요, 만일 당신이 여성이 아닌 그 모습을 보았다면.

영웅: 나는 내 자신의 힘에 분노하였습니다.
왜냐하면 당신은 그 힘을 사랑하여 왔기 때문에.

소녀: 만일 내가 미인이 아닌 것처럼 당신이 힘센 자가 아니라면
나는 차라리 수도원을 찾아 수녀가 되는 편이 좋겠습니다.
수녀는 적어도 모든 남성의 존경을 받고
그리고 어떤 잔인함도 필요하지 않습니다.

영웅: 남자는 그들 자신이 아닌 그들의 성스러움에 대한
존경심을 가지고 있다고 사람들이 말하는 것을
나는 들었지요.

소녀: 계속 말하세요.

오직 신만이 우리 자신 때문에 우리를 사랑한다고,
그러나 남자의 사랑을 그리워하는 나에게 무슨 소용이 있겠어요?

삭제된 앞부분에서 소녀와 영웅은 실체와 외양 즉 가면의 문제에 대하여 대화를 나누고 있다. 소녀와 영웅은 그들이 그들 자신 즉 실체가 아닌 비실체적 가면 때문에 사랑받고 있음에 두려워하고 있다고 말한다. 소녀는 그녀 자신이 아닌 그녀의 아름다움이라는 외양 때문에 남자의 사랑을 받고 있으며 영웅도 그 자신이 아닌 그의 힘 때문에 여자의 사랑을 받고 있다는 것이다. 그녀가 미인이 아니라면 차라리 남성의 존경을 받는 수녀가 되었으면 좋겠다는 소녀의 말에 영웅은 수녀도 수녀 자신 때문이 아닌 그녀의 성스러움 때문에 남성의 존경을 얻고 있다고 답함으로써 역시 수녀에 대한 존경도 그들의 사랑과 다르지 않음을 보여주고 있다. 즉 이 세상에서의 사랑과 존경은 실체가 아닌 아름다움, 힘, 성스러움과 같은 비실체적 가면에서 유래된다는 것이다. 결국 소녀는 신만이 우리 자신 때문에 우리를 사랑하지만 신이 아닌 남성의 사랑을 갈구하는 그녀에게 그녀 자신 때문에 사랑받는 일은 불가능하다고 토로하고 있다.

「길가의 바보」는 길가의 바보가 소녀와 영웅의 이러한 대화를 듣고 던지는 답변 형식으로 이루어져 있다. 이 길가의 바보는 말 그대로의 바보가 아니라 현자 또는 예언자적 존재이다. 소녀와 영웅의 대화를 듣고 있던 이 바보 즉 현자는 자기 자신 때문에 받는 사랑 즉 진실한 사랑은 우리가 살아가는 현실에서 얻을 수 없는 일이며 모든 존재가 과거의 일이 되고 우리가 바람처럼 투명한 존재가 되어 현실 세계에서 벗어날 때에만 우리는 진정한 사랑을 얻을 수 있다고 말한다.

이 시는 삭제된 앞부분의 소녀와 영웅의 대화에 대한 현자의 답변으로서 인간의 사랑과 존경은 실체가 아니라 비실체적 가면에서 비롯되며 우리의 실체에 대한 진정한 사랑은 죽은 후에야 가능함을 말하고 있다.

OWEN AHERNE AND HIS DANCERS

I

A strange thing surely that my Heart, when love had come unsought
Upon the Norman upland or in that poplar shade,
Should find no burden but itself and yet should be worn out.
It could not bear that burden and therefore it went mad.

The south wind brought it longing, and the east wind despair,
The west wind made it pitiful, and the north wind afraid.
It feared to give its love a hurt with all the tempest there;
It feared the hurt that she could give and therefore it went mad.

I can exchange opinion with any neighbouring mind,
I have as healthy flesh and blood as any rhymer's had,
But O! my Heart could bear no more when the upland caught the wind;
I ran, I ran, from my love's side because my Heart went mad.

오웬 아헌과 그의 무용수들

조동열

I

참으로 이상한 일이리, 사랑이 찾지도 않았는데
노르만 고원 위나 저 포프라 그늘로 찾아왔을 때,
내 가슴은 사랑 외에는 아무런 부담을 느끼지 않아야 하면서 단지
가슴이 쇠약해지는 것이.
내 가슴은 그 부담을 견딜 수 없었고 그래서 내 가슴은 미쳐버렸네.

남풍은 내 가슴에 갈망을, 동풍은 절망을 가져다주었네,
서풍은 내 가슴을 비참하게 만들었고, 북풍은 두렵게 만들었네.
내 가슴은 그 연인에게 그곳의 모든 폭풍우로 상처를 주는 것을
두려워했네.
내 가슴은 그녀가 줄 수 있는 상처를 두려워했고 그래서 내 가슴은
미쳐버렸네.

나는 이웃의 어떤 사람과도 의견을 나눌 수 있네,
나는 어떤 다른 라이머 시인이 가졌던 만큼의 건강한 살과 피를
가지고 있네,
그러나 오! 그 고원이 바람을 맞았을 때 나의 가슴은 더 이상
견딜 수가 없었네.
나는 달아나고, 또 달아났네, 내 사랑의 곁으로부터, 내 가슴이
미쳐버렸기에.

II

The Heart behind its rib laughed out. "You have called me mad," it said,
"Because I made you turn away and run from that young child;
How could she mate with fifty years that was so wildly bred?
Let the cage bird and the cage bird mate and the wild bird mate in the wild."

"You but imagine lies all day, O murderer," I replied.
"And all those lies have but one end, poor wretches to betray;
I did not find in any cage the woman at my side.
O but her heart would break to learn my thoughts are far away."

'Speak all your mind,' my Heart sang out, "speak all your mind; who cares,
Now that your tongue cannot persuade the child till she mistake
Her childish gratitude for love and match your fifty years?
O let her choose a young man now and all for his wild sake."

II

갈비뼈 뒤에 있는 가슴이 웃음을 터트렸네. “그대는 나를 미쳤다고 말했어,” 가슴이 말했네.
“내가 그대를 그 젊은 아이에게서 돌아서서 도망치게 하였기 때문에;
어떻게 그렇게 야생적으로 자란 그녀가 50살 먹은 사람과 짝을 이룰 수 있겠는가?
차라리 새장의 새와 새장의 새가 짝을 이루고 야생의 새는 황무지에서 짝을 지으라 하게.”

“그대는 하루 종일 거짓말이나 생각하네, 오 살인자여,” 내가 대답했네.
“그리고 그 모든 거짓말들은 오직 불쌍하고 가련한 사람을 배신하는 하나의 목적만을 가지고 있네.
나는 내 곁에 있는 여성을 어떤 새장 안에서도 찾지 못했네.
오, 그러나 내 생각이 멀리 있다는 것을 알게 된다면 그녀의 가슴은 부서질 것이네.”

“그대의 마음을 모두 말하시오,” 나의 가슴이 노래했네, “그대의 마음을 모두 말하시오.
누가 상관하겠는가, 그 여자 아이가 그녀의 어린애다운 감사의 마음을 사랑으로 잘못 알고 50살 된 그대와 짝을 이룰 때까지는 그대의 혀가 그 아이를 설득할 수 없는 지금에.
오, 차라리 이제 그리고 그 젊은이의 야성을 위해서라도 그녀가 젊은 남자를 선택하도록 합시다.”

《해설》

이 시는 예이츠가 하이드 리즈(Hyde-Lees)와 결혼한 후 며칠이 지난 1917년 10월 24일(첫 번째 부분)과 27일(둘째 부분)에 쓰였으며, 1924년 6월 『다이얼』(*The Dial*)에 첫째 부분은 "The Lover Speaks"라는 제목으로, 그리고 둘째 부분은 "The Heart Replies"라는 제목으로 발표되었다. 이 시의 첫째 부분의 화자는 예이츠 자신을 대변하는 오웬 아헌(Owen Aherne)이고 둘째 부분은 오웬 아헌 즉 시인 자신과 가슴의 대화로 구성되어 있다. 예이츠는 1916년 맥브라이드(MacBride)의 처형 후 모드 곤에게 다시 청혼하였지만 거절당한 적이 있었으며 역시 1917년 여름과 9월에 그보다 29살 어리며 모드 곤의 양녀인 이졸트 곤(Iseult Gonne)에게도 두 차례나 청혼하였지만 거절당하고 그해 10월에 그보다 27살 어린 하이드 리즈와 결혼하였다. 이 시에서 시인은 그가 결혼한 시점에서 이졸트 곤에 대한 그의 청혼을 회상하면서 그가 그녀에게 보다 강력한 청혼을 했어야 하지 않았을까 아쉽게 생각하지만 길들여진 나이의 자신과 야생 새와 같은 그녀 사이의 연령적 격차를 고통스럽게 인정하고 있으며 어울러 그의 부인도 역시 나이 어린 야생 새임을 생각하면서 그의 부인에 대한 보호와 책임의식을 드러내 보이고 있다. 이 시의 제목인 「오웬 아헌과 그의 무용수들」("Owen Aherne And His Dancers")에서 오웬 아헌은 예이츠 자신을 대변하는 가상적 인물이며 '그의 무용수들'은 쾌락적 감각과 욕망의 원리를 의미한다.

첫 번째 부분에서 시인을 대변하는 오웬 아헌은 이졸트 곤에게 예기치 않았던 사랑을 느꼈을 때 그는 누구 못지않은 건강한 육신과 피를 지니고 있음에도 사랑에 대한 마음의 부담과 고통, 그와 그녀가 받을 사랑의 상처에 대한 가슴의 두려움 때문에 그녀에 대한 사랑에서 멀리 도망쳤다라고 말하면서 가슴을 비난하고 있다. 둘째 부분은 오웬 아헌과 가슴의 대화로 진행되는데 먼저 오웬 아헌의 공격을 받은 가슴은 젊고 야생적으로 자란 그녀와 쉰이 넘은 그가 어떻게 짝이 될 수 있는지를 반문하면서 젊은 사람은 젊은 사람과, 그리고 나이 든 사람은 새장에 갇힌 길들여진 나이의 사람과 짝을 이루도록 하라고 말한다. 이에 대해 오웬 아헌은 가슴을 그를 속인 거짓말쟁이, 살인자로 비난하지만 그의 옆에 있는 부인 하이드 리즈도 역시 젊은 야생 새임을 말하면서 그가 그녀 옆에서 이졸트 곤에 대해 생각하는 것을 그녀가 알게 되면 얼마나 가슴 아파할까 걱정한다. 마지막 대화 부분에서 가슴은 오웬 아헌에게 "그대의 마음을 모두 말하시오,"라고 말하면서 결혼 후 그가 얻은 마음의 평화를 상기시키며 이졸트 곤이 어린애 같은 감사의 마음을 사랑으로 오인하지 않는 한 그녀를 설득할 수 없으니 그녀가 젊은 사람을 선택하도록 하자고 말하고 있다. 이 시에서 시인은 이졸트 곤에 대한 사랑의 좌절에서 야기된 회한의 감정을 노출하지만 역시 그의 현실을 인정하면서 그의 부인에 대한 보호 및 책임의식을 동시에 드러내 보이고 있다.

A MAN YOUNG AND OLD

I

FIRST LOVE[1)]

Though nurtured like the sailing moon
In beauty's murderous brood,
She walked awhile and blushed awhile
And on my pathway stood
Until I thought her body bore
A heart of flesh and blood.

But since I laid a hand thereon
And found a heart of stone
I have attempted many things
And not a thing is done,
For every hand is lunatic
That travels on the moon.

She smiled and that transfigured me
And left me but a lout,
Maundering here, and maundering there,
Emptier of thought
Than the heavenly circuit of its stars
When the moon sails out.

한 남자의 젊은 때와 나이 든 때

이영석

I

첫 사랑[1)]

살기등등한 아름다움의 둥지에서
흐르는 달처럼 자란
그녀는 잠시 건다 잠시 얼굴 붉힌 채
나의 길목에 서자
나는 그녀가 피와 살로 된
심장이 있다고 생각했어.

그러나 내가 거기에 손 얹고
돌로 된 심장인 것을 알고
나는 모든 것을 시도했지.
그러나 하나도 이루어진 게 없어.
모든 손은 달 위를
거치면 백치가 되기에.

그녀의 미소는
날 촌놈으로 만들어
여기저기 거닐게 만들었지.
달 지고, 별들 제 길 허허롭게 흐르듯,
그렇게 허허롭게 생각도 없이.

Ⅱ

HUMAN DIGNITY[2)]

Like the moon her kindness is,
If kindness I may call
What has no comprehension in't,
But is the same for all
As though my sorrow were a scene
Upon a painted wall.

So like a bit of stone I lie
Under a broken tree.
I could recover if I shrieked
My heart's agony
To passing bird, but I am dumb
From human dignity.

Ⅲ

THE MERMAID[3)]

A mermaid found a swimming lad,

---

1) 1927년 5월 『런던 머큐리』(*The London Mercury*)에 실렸다. 젊은 시절의 예이츠의 모드 곤(Moud Gonne)에 대한 사랑을 다룬 시. 1926년 12월 7일 올리비아 셰익스피어(Olivia Shakespear)에게 보낸 편지에 제2연의 초안이 동봉되었고, 그 편지에 다음의 언급이 있다: "당신에게 두 시리즈로 된 시의 부분을 보여드렸소. 거기서 노년에 한 남자와 한 여자가 사랑을 기억하고 있어요. 나는 이 시리즈에 대비되는 젊은이들의 시도 쓰고 있어요."

II

인간의 위엄[2)]

달과 같은 것이 그녀의 친절일 것이야,
만약 내가, 알 수 없는 것을
친절이라 부를 수 있다면.
그러나 그녀의 친절은, 모두에게 똑같아,
내 슬픔이 벽에 그려진 벽화의
한 장면인 것처럼.

그래서 나는 한 조각의 돌처럼 누워 있어,
부러진 나무 아래에.
내가 지나가는 새에게 소리칠 수 있다면
나는 회복할 수 있지
그러나 나는 인간의 위엄 때문에 말이 없는 거야.

III

인어[3)]

한 인어가 수영하는 젊은 사내 하나 찾았지.
자기 것으로 삼으려 건져내고

---

2) 1927년 5월『런던 머큐리』에 실린 시.
3) 1927년 5월『런던 머큐리』에 실린 시. 이 시는 다이애나 버논(Diana Vernon: 올리비아 셰익스피어Olivia Shakespear)와의 짧은 사랑을 그리고 있다.

Picked him for her own,
Pressed her body to his body,
Laughed; and plunging down
Forgot in cruel happiness
That even lovers drown.

Ⅳ

THE DEATH OF THE HARE[4)]

I have pointed out the yelling pack,
The hare leap to the wood,
And when I pass a compliment
Rejoice as lover should
At the drooping of an eye,
At the mantling of the blood.

Then suddenly my heart is wrung
By her distracted air
And I remember wildness lost
And after, swept from there,
Am set down standing in the wood
At the death of the hare.

---

4) 1927년 5월 『런던 머큐리』에 실린 시. 예이츠는 이 시에 대해 설명하기를 거절했다. 토끼는 모드 곤(Maud Gonne)의 딸 이졸트 곤(Iseult Gonne)을 지칭하며, 그녀가 프랜시스 스튜어트(Francis Stuart)와 결혼하는 시점에 쓰인 시이다.

자신의 몸을 그의 몸에 누르고,
웃었지; 그리고 물속에 뛰어들고는
잔인한 행복에 겨워
연인도 익사한다는 것을
잊어버렸지.

Ⅳ

토끼의 죽음[1)]

나는 짖어대는 개들에게
숲 속으로 뛰어가는 토끼를 가리켰지.
그리고 그들은 내가 칭찬을 하자
연인이 기뻐하듯 기뻐하고 있어,
눈이 감기고,
피가 굳어가는 것을 보고.

그런데 갑자기 내 가슴이
그녀의 흐트러진 숨소리에 뒤틀리고 있어.
그리고 나는, 야성이 사라진 것을 기억해
그리고 거기서 멀어져,
숲 속에서 토끼의 주검 앞에 서서,
멈추어 있는 거야.

V

THE EMPTY CUP[5)]

A crazy man that found a cup,
When all but dead of thirst,
Hardly dared to wet his mouth
Imagining, moon-accursed,
That another mouthful
And his beating heart would burst.
October last I found it too
But found it dry as bone,
And for that reason am I crazed
And my sleep is gone.

VI

HIS MEMORIES[6)]

We should be hidden from their eyes,
Being but holy shows
And bodies broken like a thorn
Whereon the bleak north blows,
To think of buried Hector
And that none living knows.

---

5) 1927년 5월 『런던 머큐리』에 실렸으며, 다이애나 버논(Diana Vernon)과의 사랑을 다룬 시이다. 1926년 10월 예이츠는 그녀를 다시 만난다.

V

빈 잔[5)]

빈 잔을 찾은 미친 사람이,
목이 말라 다 죽어가면서도,
입을 축일 생각조차 못하는 거야,
달의 저주를 받아, 한 모금만 마시면
자신의 심장이 터질 것이라 상상하면서.
지난 시월 나도 그것을 찾았지
그렇지만 뼈처럼 말라 있었어,
그 때문에 나는 미치겠고
내 잠도 사라졌어.

VI

그의 추억[6)]

우리는 그들의 눈을 피해야 됩니다.
신성함만이 보여야 합니다.
그리고 황량한 북의 바람이 부는 곳에
시체들은 가시처럼 부러져 있고,
우리는 땅에 묻힌 헥터를 생각하지만
살아 있는 자는 아무도 알지 못합니다.

---

6) 1926년 4월 『런던 머큐리』에 실린 시. 엘먼(Ellmann)에 따르면, 1907년경 예이츠는 모드 곤과 잠자리를 한 것을 다룬 것 같다. "그녀"는 트로이의 헬렌(Helen)을 가리키고, 이 시에서는 모드 곤을 헬렌으로 묘사하고 있다.

The women take so little stock
In what I do or say
They'd sooner leave their cosseting
To hear a jackass bray;
My arms are like the twisted thorn
And yet there beauty lay;

The first of all the tribe lay there
And did such pleasure take —
She who had brought great Hector down
And put all Troy to wreck —
That she cried into this ear,
'Strike me if I shriek.'

VII
THE FRIENDS OF HIS YOUTH[7)]

Laughter not time destroyed my voice
And put that crack in it,
And when the moon's pot-bellied
I get a laughing fit,
For that old Madge comes down the lane,
A stone upon her breast,
And a cloak wrapped about the stone,

7) 1926년 4월『런던 머큐리』에 실린 시.

여인들은 내가 하는 일이나 말에
관심이 없고 곧
부모의 사랑을 떠나
수나귀가 우는 소릴 듣게 될 거야.
내 팔은 지금 뒤틀린 가시나무 같지만
거기에 아름다움이 누웠었지.

그 종족 중 가장 빼어난 여인이 거기에 누워
최고의 기쁨을 얻었고—
핵터를 쓰러뜨리고 트로이 모두를 파멸로
이끈 그녀—
그녀는 이 귀에 울부짖었지.
"내가 비명을 지르면 힘차게 몰아붙이시오."라고

VII

젊은 시절의 친구들[7)]

시간이 아니라 웃음이 내 목소리를 상하게 하고
거기 금이 가게 했어,
그리고 달이 배불러 오자
나는 미친 듯 웃게 된 거지,
왜냐하면 저 마지라는 노파가 그 길을 내려오고 있어,
가슴 위에 돌 한 덩이를 얹고
돌을 망토로 감싸고,
그리고 쉬지 않고

And she can get no rest
With singing hush and hush-a-bye;
She that has been wild
And barren as a breaking wave
Thinks that the stone's a child.

And Peter that had great affairs
And was a pushing man
Shrieks, "I am King of the Peacocks,"
And perches on a stone;
And then I laugh till tears run down
And the heart thumps at my side,
Remembering that her shriek was love
And that he shrieks from pride.

VIII

SUMMER AND SPRING[8)]

We sat under an old thorn-tree
And talked away the night,
Told all that had been said or done
Since first we saw the light,
And when we talked of growing up
Knew that we'd halved a soul

8) 1926년 4월 『런던 머큐리』에 실린 시.

자장자장 자장가를 불러대고 있어.
부서지는 파도 모양으로
거칠고 황량해진 그녀는
그 돌을 아기로 여기는 거지.

그리고 여자들을 많이도 알았던
열정적인 피터는
"나는 공작들 중의 왕이다."라고 소리 지르며
돌 위에 걸터앉는다.
그러자 나는 눈물이 흐를 때까지
가슴이 옆구리에 콩닥콩닥 거릴 때까지
웃는다,
그녀의 비명이 사랑이었고
그는 자랑에 넘쳐서 비명을 질렀다는 것을
기억하면서.

Ⅷ
봄과 여름[8)]

우리는 늙은 가시나무 아래 앉아
밤을 지새우며 얘기 나누었지.
우리가 세상의 빛을 처음 본 이후
말한 것 행한 것 모두를 나누고,
우리 자랄 때를 이야기할 때쯤
우리는 한 영혼을 나누어 가졌었다는 것을 알고

And fell the one in t'other's arms
That we might make it whole;
Then Peter had a murdering look,
For it seemed that he and she
Had spoken of their childish days
Under that very tree.
O what a bursting out there was,
And what a blossoming,
When we had all the summer-time
And she had all the spring!

IX
THE SECRETS OF THE OLD[9)]

I have old women's secrets now
That had those of the young;
Madge tells me what I dared not think
When my blood was strong,
And what had drowned a lover once
Sounds like an old song.

Though Margery is stricken dumb
If thrown in Madge's way,
We three make up a solitude;
For none alive to-day

서로의 품안에 안기어
영혼을 다시 완전하게 만들고자 했네.
그러자 피터가 죽일 듯 쳐다보았지.
왜냐하면 그와 그녀는 바로 이 나무 아래서
어린 시절 대화를 나누었었던 것 같아.
얼마나 꽃봉오리 터지고
꽃피어났는지,
우리가 여름이며
봄이며 모두 누릴 때에!

Ⅸ
늙은이들의 비밀[9]

나는 이제, 젊은이들의 비밀을 알고 있었던,
늙은 여인들의 비밀을 알지.
매지는 나의 피가 뜨거웠을 때
내가 감히 생각지 말아야 했던 것을 말하고 있지
그러나 한때 연인을 익사하게 할 수 있었던 것은
옛 노래 곡조처럼 들리네.

비록 마저리가 매지의 처지라면
말문이 막히겠지만,
우리 셋은 고독이 되네.
왜냐하면 지금 살아 있는 어느 누구도

9) 1927년 5월 『런던 머큐리』에 실린 시.

Can know the stories that we know
Or say the things we say:

How such a man pleased women most
Of all that are gone,
How such a pair loved many years
And such a pair but one,
Stories of the bed of straw
Or the bed of down.

X
HIS WILDNESS[10]

O bid me mount and sail up there
Amid the cloudy wrack,
For Peg and Meg and Paris' love
That had so straight a back,
Are gone away, and some that stay
Have changed their silk for sack.

Were I but there and none to hear
I'd have a peacock cry,
For that is natural to a man
That lives in memory,

10) 1926년 4월『런던 머큐리』에 실린 시.

우리가 아는 이야기들을 알거나
우리가 말하는 일들을 말할 수 없으니까.

어찌, 지금은 다 사라진 남자들 중에
그 남자는 여인들을 그렇게 즐겁게 만들었을까,
어찌, 한 쌍은 여러 해를 그렇게 사랑했을까,
어찌, 한 쌍은 1년 밖에 사랑하지 못했을까.
볏짚으로 된 침대의 이야기이거나
오리털로 된 침대의 이야기이거나.

X
그의 야성[10)]

내가 배에 올라
구름 자욱한 멸망의 흔적이 있는
그곳까지 항해하게 하여 주오. 왜냐하면
펙과 멕과 패리스의 연인은 그렇게 곧은 등을
하고 있었건만 이제 사라졌고, 남은 여자들은
비단 옷을 마대로 바꾸었어.

내가 거기에 있다면 그리고 아무도 내 말에
귀 기울이려하지 않는다면 공작의 울음을 울겠소.
왜냐하면 그것은 기억 속에 사는 사람에게
자연스러운 것이야,

Being all alone I'd nurse a stone
And sing it lullaby.

XI
FROM 'OEDIPUS AT COLONUS'[11)]

Endure what life God gives and ask no longer span;
Cease to remember the delights of youth, travel-wearied
aged man;
Delight becomes death-longing if all longing else be vain.

Even from that delight memory treasures so,
Death, despair, division of families, all entanglements of
mankind grow,
As that old wandering beggar and these God-hated children
know.

In the long echoing street the laughing dancers throng,
The bride is carried to the bridegroom's chamber through
torchlight and tumultuous song;
I celebrate the silent kiss that ends short life or long.

Never to have lived is best, ancient writers say;
Never to have drawn the breath of life, never to have looked
into the eye of day;
The second best's a gay goodnight and quickly turn away.

혼자만 남아 있기에, 돌덩이 하나라도
어르고 그것에게 자장가를 부르겠어.

XI

콜로누스의 오이디푸스로부터[11)]

하늘이 주신 만큼의 생만 누리고 더는 바라지 마시오.
여행에 지친 자여, 젊은 시절의 기쁨은 더 이상 기억하지 마오.
다른 모든 갈망이 헛되면 기쁨은 죽음을 갈망하는 것과 같아지오.

그 늙은 방랑하는 거지와 이 신이 증오하는 자손들이 아는 것처럼,
기억이 그렇게 소중하게 여기는 기쁨에서조차,
죽음, 절망, 가족의 헤어짐, 헝클어진 모든 인간관계들이 자라나오.

무희들의 웃음으로 메아리치는 긴 거리에 무희들이 모이고,
신부는 횃불과 요란한 노래 사이로 신부의 방으로 운반된다.
나는 긴 혹은 짧은 생애를 마감하는 그 침묵의 키스를 찬양한다.

옛 작가들은, 결코 삶을 살지 않는 것이 최상이라 했다.
생명의 입김을 들이쉬지 않는 것, 낮의 눈을 응시하지 않는 것,
　　그것이 최상이라고.
다음으로 좋은 것은 기쁨의 저녁 인사, 그리고 바로 돌아서는
　　것이라고.

---

11) 1927년 3월 13일 혹은 그 이전에 쓰인 시.

《해설》

예이츠는 1926년 4월과 1927년 5월 사이에 쓰여『런던 머큐리』(*The London Mercury*)에 실렸던 시들로 나중에, [본인이 번역한「콜로누스의 오이디푸스로부터」와「세 동상」은 이 시리즈에 속한 시는 아니다.] 이 시리즈를「한 남자의 젊은 때와 나이 든 때」라는 제목을 붙인다. 대부분 한 남자의 여인과의 사랑을 주제로 쓴 시들이며, 자전적 요소가 강하다. 그러나 이 시에서 예이츠와 그의 여인들과의 관계를 떠올리지 않더라도 각 시는 독립적으로 잘 읽힌다. 보편적 사랑의 이야기로 받아들여질 수 있는 시들이다.

이 시리즈의 주제와 기본적 목소리는 첫 시에서 잘 드러난다.

첫 번째 시「첫 사랑」은 사랑에 빠진 시인이 사랑하는 여인의 무심함을 한탄하는 시이다. 이 시는 예이츠에 대해 약간의 상식만 있으면, 달이 인간의 운명을 좌우하는 상징임을 직감할 수 있다. 시인의 한 여인에 대한 사랑이 어떠했었는지를 마지막 제3연에서 절실하게 보여 준다.

그녀의 미소는
날 촌놈으로 만들어
여기저기 거닐게 만들었지 —
달 지고, 별들 제 길 허허롭게 흐르듯,
그렇게 허허롭게 생각도 없이.

두 번째 시「인간의 위엄」역시 달의 상징에 모드 곤을 겹쳐 놓는다. 시인의 감정과 달의 무심함이, 누구에게나 똑같은 벽화에 비교된다.

달과 같은 것이 그녀의 친절일 것이야,
만약 내가, 알 수 없는 것을

친절이라 부를 수 있다면.
그러나 그녀의 친절은, 모두에게 똑같아,
내 슬픔이 벽에 그려진 벽화의
한 장면인 것처럼.

이 시리즈의 각 시가 보편적 의미로 이해될 수 있기는 하지만, 그럼에도 불구하고, 각 시에 나타난 여인에 대한 예이츠의 느낌과 사고는 다양하게 나타나며, 시 하나하나는 보기 드문 절창(絶唱)이 된다.

예이츠는 시의 보편성을 이해한 듯하다. 자신의 내밀한 감정을 드러내는 것을 피하고자 하기도 했겠지만, 그보다도 이 시를 이미 세상에 보여주려 했다면, 시는 보편적 의미를 지닌다는 점을 염두에 둔 것일 것이다. 예이츠는 이를테면, 「토끼의 죽음」이라는 시에 대해 설명하기를 거절한다. 「토끼의 죽음」은 모드 곤에 대한 마지막 청혼(1916년) 후 그의 청혼이 영영 받아들여질 것 같지 않자, 자신에게 청혼해 온 적이 있는 그녀의 딸 이졸트에게 1917년 청혼하지만 이번에는 이졸트에게서 역시 거절당하고, 이졸트가 다른 사람에게로 가는 모습을 가슴속에 담아두었다가, 나중에 예이츠 자신의 느낌으로 써내려간 시이며, 1927년 『런던 머큐리』에 실린다. 예이츠가 이 시에 대한 설명을 했다면 이 시의 모호하고 여운 많은 생동감이 그대로 남아 있을 수 있을까? 이러한 배경을 모르고 이 시를 대하면 아주 흥미로운 읽기가 파생될 수 있다. 독자들이 자전적 상식 없이 이 시를 대하면 어떻게 반응할까?

나는 짖어대는 개들에게
숲속으로 뛰어가는 토끼를 가리켰지.
그리고 그들은 내가 칭찬을 하자
연인이 기뻐하듯 기뻐하고 있어,
눈이 감기고,
피가 굳어가는 것을 보고.

그런데 갑자기 내 가슴이
그녀의 흐트러진 숨소리에 뒤틀리고 있어.
그리고 나는, 야성이 사라진 것을 기억해
그리고 거기서 멀어져,
숲속에서 토끼의 주검 앞에 서서,
멈추어 있는 거야.

세 번째 시 「인어」는 올리비아 셰익스피어(Olivia Shakespear)와의 짧은 사랑을 다루고 있다. 단 7행으로 일방적인 사랑의 본질을 드러낸다 — 짧고 잔인한 사랑의 본질을.

다섯 번째 시는 가장 예이츠적인 예이츠만이 쓸 수 있는 시들 중의 하나이다. 나에게는 이 시가 무엇을 이야기하고 있는가는 중요하지 않다. 강열하고 처절한 이미지와 감정이 나의 온몸으로 읽혀지는 시이다. 이 시를 올리비아 셰익스피어에 관한 시라고 학자들은 읽고 있으나 나에게는 진정한 사랑에 목말라하는 예이츠의 모습이 담긴 시로 다가온다.

여섯 번째 시 「그의 추억」은 평생 애타게 사랑한 여인과의 영적, 육적 합일의 순간을 그리고 있다. 그러나 이 시는 사랑의 시라기에는 너무나 황량해 보인다. 그렇지만 역사의 흐름과 자연의 섭리, 세상의 이치, 인간의 사랑의 원초적 원리 등이 함축적으로 세연에 빼곡히 담겨 있다. 역시, 가장 예이츠적인 시들 중의 하나이다.

그 다음의 두 시 「젊은 시절의 친구들」과 「봄과 여름」도 강열한 시들이다. 앞의 시가 불모의 이미지를 그린다면, 뒤의 시는 합일의 이미지를 그리고 있는 시이다.

이 시리즈의 마지막 시 「그의 야성」은 예이츠의 인류의 미래에 끝없는 열망과 꿈을 지닌 시인임을 보여주는 시이다. 언뜻 불모의 이미지가 보이나, 그는 외친다.

내가 배에 올라
구름 자욱한 멸망의 흔적이 있는
그곳까지 항해하게 하여 주오. 왜냐하면
펙과 멕과 패리스의 연인은 그렇게 곧은 등을
하고 있었건만 이제 사라졌고, 남은 여자들은
비단 옷을 마대로 바꾸었어.

내가 거기에 있다면 그리고 아무도 내 말에
귀 기울이려하지 않는다면 공작의 울음을 울겠소.
왜냐하면 그것은 기억 속에 사는 사람에게
자연스러운 것이야,
혼자만 남아 있기에, 돌덩이 하나라도
어르고 그것에게 자장가를 부르겠어.

THE THREE MONUMENTS[1]

They hold their public meetings where
Our most renownèd patriots stand,
One among the birds of the air,
A stumpier on either hand;
And all the popular statesmen say
That purity built up the State
And after kept it from decay;
Admonish us to cling to that
And let all base ambition be,
For intellect would make us proud
And pride bring in impurity:
The three old rascals laugh aloud.

---

1) 이 시는 1925년 6월 11일 이혼에 대한 아일랜드 상원의 토론 이전에 쓰였다. 그 동상들은, 중앙에 영국의 제독 넬슨(Nelson), 북쪽에 판넬(Parnell), 그리고 남쪽에 오코넬(O'Connell)이 세워져 있었다. 나중에 넬슨(Nelson)의 동상은 폭파되어 해체되었다.

세 동상[1)]

이영석

그들은, 우리의 가장 유명한 애국자들이 서 있는 곳에서
공공의 집회를 열고 있어.
한 동상은 허공의 새들 사이에 서 있고,
그 양쪽에는 보다 낮은 동상 둘.
그리고 그 인기 많은 모든 정치가들은 말하지,
순수함이 나라를 세우고
나중에 망하지 않게 지탱한다고.
우리에게 순수함을 지니라고 충고하고
다른 모든 것은 저속한 야망이라고,
왜냐하면 지식은 우리를 거만하게 만들고
거만함은 불순을 가져온다고.
그 오래된 세 놈들은 크게 웃을 따름이네.

ALL SOULS' NIGHT

Epilogue to '*A Vision*'

Midnight has come, and the great Christ Church Bell
And many a lesser bell sound through the room;
And it is All Souls' Night,
And two long glasses brimmed with muscatel
Bubble upon the table. A ghost may come;
For it is a ghost's right,
His element is so fine
Being sharpened by his death,
To drink from the wine-breath
While our gross palates drink from the whole wine.

I need some mind that, if the cannon sound
From every quarter of the world, can stay
Wound in mind's pondering
As mummies in the mummy-cloth are wound;
Because I have a marvellous thing to say,
A certain marvellous thing
None but the living mock,
Though not for sober ear;
It may be all that hear
Should laugh and weep an hour upon the clock.

만령절(萬靈節) 밤

『비전』 발문(跋文)

한일동

한밤이 오니, 대성당의 종과
수많은 작은 종들이 방을 통하여 울려 퍼진다.
만령절 밤이다.
머스캣 포도주로 찰찰 넘치는 기다란 두 개의 술잔이
테이블 위에서 거품을 일으킨다. 망령(亡靈)이 온 것 같다.
왜냐하면 망령의 성분은 죽음에 의해 예리해져
너무나 정교한지라,
우리 인간이 조야(粗野)한 구개(口蓋)로 모든 술을 마실 때
술의 향만을 흠향(歆饗)하는 것은
망령의 특권이니.

나는 얼마간의 마음의 평정이 필요하다.
세상의 방방곡곡에서 대포가 울려 퍼진다 해도,
미라가 미라 천에 감싸인 것처럼
묵상(默想)을 두르고 머물러 있을 수 있는
그런 마음의 평정이.
그것은 말하고 싶은 기이한 것을 내가 지니고 있기 때문이다,
살아 있는 자들 말고는 아무도 비웃지 못할 기이한 것을.
그것은 근엄한 자가 귀 기울일 만한 것은 못 되지만,
듣는 자 모두가 한 시간에 걸쳐서
웃고 울 만한 것은 될 것이다.

Horton's the first I call. He loved strange thought
And knew that sweet extremity of pride
That's called platonic love,
And that to such a pitch of passion wrought
Nothing could bring him, when his lady died,
Anodyne for his love.
Words were but wasted breath;
One dear hope had he:
The inclemency
Of that or the next winter would be death.

Two thoughts were so mixed up I could not tell
Whether of her or God he thought the most,
But think that his mind's eye,
When upward turned, on one sole image fell;
And that a slight companionable ghost,
Wild with divinity,
Had so lit up the whole
Immense miraculous house
The Bible promised us,
It seemed a gold-fish swimming in a bowl.

On Florence Emery I call the next,
Who finding the first wrinkles on a face
Admired and beautiful,

내가 맨 처음 부른 것은 호톤 씨. 그는 이상한 생각을 좋아했고
플라토닉 사랑이라 불리는
저 감미로운 긍지의 극치를 알고 있었다.
그의 사랑은 정열의 정점에까지 이르렀으므로
자신의 연인이 죽었을 때 그 어떤 것도
그의 마음을 진정시킬 수가 없었다.
언어란 호흡의 낭비일 뿐.
그에게는 간절한 소망이 하나 있었으니
그것은 그해 겨울이나 다음해 겨울의 혹한에
그저 죽어 없어지는 것이었다.

두 가지 생각이 너무나 뒤섞인 나머지
그가 제일로 생각한 것이 그녀인지 신인지
알 수가 없었다. 다만 생각할 수 있는 것은,
그의 심안(心眼)이 위를 향했을 때
하나의 형상(形象)을 보았다는 것뿐.
다정스런 가냘픈 망령은 신성(神性)으로 격해져,
성경(聖經)이 우리에게 약속한 바대로
거대하고 기적 같은 집을
샅샅이 밝혔으므로, 그 형상은 마치
항아리 속을 헤엄치는 금붕어 같았다.

다음으로 나는 플로렌스 에머리를 부른다.
그녀는 칭찬받던 아름다운 얼굴에
주름이 드리워지는 것과

And knowing that the future would be vexed
With 'minished beauty, multiplied commonplace,
Preferred to teach a school
Away from neighbour or friend,
Among dark skins, and there
Permit foul years to wear
Hidden from eyesight to the unnoticed end.

Before that end much had she ravelled out
From a discourse in figurative speech
By some learned Indian
On the soul's journey. How it is whirled about,
Wherever the orbit of the moon can reach,
Until it plunge into the sun;
And there, free and yet fast,
Being both Chance and Choice,
Forget its broken toys
And sink into its own delight at last.

And I call up MacGregor from the grave,
For in my first hard springtime we were friends,
Although of late estranged.
I thought him half a lunatic, half knave,
And told him so, but friendship never ends;
And what if mind seemed changed,

쇠락해 가는 미(美)와 더해 가는 진부함 때문에
앞날이 괴로울 것을 염려하여,
친구와 이웃이 아무도 없는
인도 실론에 있는 학교에서
흑인 아이들을 가르치면서
사람들 눈을 피해 남몰래 죽을 때까지,
추(醜)한 세월을 보내기로 작정했었다.

종말을 맞이하기 전에 그녀는
영혼의 여정에 관한
어떤 학식 있는 인도인의 비유담(比喩談)으로부터
많은 것을 깨우쳤다.
달의 궤도(軌道)가 미치는 곳이면 어디에서고,
최후에 태양 속으로 뛰어들 때까지
영혼이 어떻게 선회(旋回)하고, 태양 속에서 자유롭고 빠르게
우연(偶然)과 선택(選擇)을 겸비하여,
부서진 장난감을 잊고,
마침내 자체의 즐거움에 빠져드는지를.

마지막으로 나는 맥그레거를 그의 무덤으로부터 불러낸다.
왜냐하면 최근에는 소원(疎遠)해졌지만
다난(多難)했던 청년기에 우리는 친구였기에.
나는 그를 반쯤은 미치광이로, 그리고 또 반쯤은 악당으로 생각하여
그에게 그렇게 말했지만, 우리의 우정은 결코 끝나지 않았다.
마음이야 변해 보인들 어쩌랴.

And it seem changed with the mind,
When thoughts rise up unbid
On generous things that he did
And I grow half contented to be blind!

He had much industry at setting out,
Much boisterous courage, before loneliness
Had driven him crazed;
For meditations upon unknown thought
Make human intercourse grow less and less;
They are neither paid nor praised.
But he'd object to the host,
The glass because my glass;
A ghost-lover he was
And may have grown more arrogant being a ghost.

But names are nothing. What matter who it be,
So that his elements have grown so fine
The fume of muscatel
Can give his sharpened palate ecstasy
No living man can drink from the whole wine.
I have mummy truths to tell
Whereat the living mock,
Though not for sober ear,
For maybe all that hear

하지만 우정도 마음과 더불어 변하는 것처럼 보인다,
그가 했던 관대한 일들에 관하여
저절로 갖가지 상념(想念)들이 생겨나지만
어리석게도 이에 대하여 절반만 만족하게 될 때에는.

그는 처음 시작할 때 매우 부지런했고,
거친 용기도 많이 가졌었다,
고독이 그를 미치게 하기 전에는.
왜냐하면 미지(未知)의 사상(思想)에 대한 명상은
인간의 교제를 점점 더 소홀하게 하므로
보상도 칭찬도 받을 수 없기 때문에.
하지만 그는 주인인 나를 반대했고,
내 잔이기 때문에 나의 잔을 거부하려 했다.
그는 망령을 사랑하는 자였고,
자신이 망령이었기에 더욱 오만했는지도 모른다.

그리니 망자(亡者)에게 이름은 아무런 의미가 없다.
그것이 누구인들 무슨 상관이 있으랴,
그의 성분이 너무나 정교해져
머스캣 포도주 향이 예민한 그의 구개(口蓋)에
살아 있는 인간이 포도주를 다 마신다 해도 느낄 수 없는
환희를 주는데.
나는 얘기할 미라의 진리가 있다,
허나 이는 근엄한 자들이 귀를 기울일 만한 것도 아니며,
살아 있는 자들이 조소(嘲笑)하는 것이다.

Should laugh and weep an hour upon the clock.

Such thought — such thought have I that hold it tight
Till meditation master all its parts,
Nothing can stay my glance
Until that glance run in the world's despite
To where the dammed have howled away their hearts,
And where the blessed dance;
Such thought, that in it bound
I need no other thing,
Wound in mind's wandering
As mummies in the mummy-cloth are wound.

Oxford 1920

《해설》

만령절(萬靈節)은 통상 11월 2일로 로마 가톨릭 교회에서 이미 이 세상을 떠나 연옥(煉獄)을 떠도는 영혼들에게 기도를 올리는 제일(祭日)이다. 이 시는 만령절 밤에 시인이 죽은 친구들 — 윌리엄 토머스 호튼(William Thomas Horton: 1864~1919), 플로렌스 파 에머리(Florence Farr Emery: 1869~1917), 맥그레거 매더즈(MacGregor Mathers: 1854~1918) — 의 망령(亡靈)을 불러내는 '집단 엘레지'(Group Elegy)의 형식을 취하고 있다. 그런데 이와 같은 '집단 엘레지'로는 「로버트 그레고리 소령을 추모하며」("In Memory of Major Robert Gregory")와 「더블린

왜냐하면 듣는 자는 누구든지 한 시간 동안 웃고 울지 모르니.

그러한 생각 — 그러한 생각을 나는 견지했었다,
묵상(默想)이 모든 세부를 정복할 때까지.
이제 그 어떤 것도 나의 시선을 가로막을 수 없다,
그 시선이 세상의 원한(怨恨) 속으로 흘러들어
저주받은 자가 가슴을 움켜잡고 울부짖으며
축복받은 자가 춤을 출 때까지.
그러한 생각에 잠겨 있노라니
나에겐 그 어떤 것도 필요치 않노라.
미라가 미라 천에 감싸여 있듯이
마음의 상념(想念) 속에 싸여 있으니.

시립 미술박물관을 다시 방문하여」("The Municipal Gallery Revisited") 등이 있다.

호톤은 윌리엄 블레이크(William Blake)와 어브레이 비어드슬리(Aubrey Beardsley) 계열의 신비주의(神秘主義) 화가이자 삽화가로 예이츠와는 1890년대 중반에 만나 서로 친구로 지냈으며, '황금 여명회'(The Order of the Golden Dawn)에서 함께 활약하기도 했다. 때때로 그들은 많은 문제들에 대해서 불화(不和)를 빚기도 했지만, 호톤이 죽을 때까지 우정을 유지했다. 호톤은 50세 때 그의 부인과 별거하고 당시 작가였던 아미 어드레이 로크(Amy Audrey Locke)와 함께 그녀가

1916년 세상을 떠날 때까지 플라톤적인 사랑의 관계를 맺었다.

플로렌스 에머리는 여배우 · 작가 · 페미니스트였으며, 1890년에 '황금 여명회'에 입회하였다. 예이츠는 1890년도에 그녀와 처음 만났으며, 그녀의 미모에 깊은 인상을 받았다. 1903년에는 그녀와 관계를 갖기도 했다. 그녀는 1912년 인도의 실론(Ceylon)에 있는 라마나던 칼리지(Ramanathan College)의 교장으로 임명되어 1917년 암으로 세상을 떠날 때까지 그곳에서 여학생들을 가르쳤다. 예이츠와 그녀는 이 기간 내내 서로 서신을 주고받았다.

맥그레거는 작가 · 기인(奇人) · 신비주의자로, 예이츠는 그를 1887년에 처음 만났다. 그는 1887년에 '황금 여명회'에 처음 입회했으며, 이후로 이 비교(秘教) 단체에서 적극적으로 활약하였다. 예이츠는 강신술(降神術)이나 신비주의 철학 등에 관해서 맥그레거로부터 많은 영향을 받았으며, 때로는 맥그레거의 독단적인 태도 때문에 서로의 관계가 소원(疎遠)해지기도 했다.

죽은 망자(亡者)들에게 기도를 드리는 만령절의 자정 시간은 시인이 죽은 옛 친구들의 영혼을 불러내기에 적절한 시간이다. 따라서 시인은 자신이 늘 열망하던 심미적인 죽음(aesthetic death) 상태에 빠져서 호톤, 에머리, 매더즈의 영(靈)들을 하나하나 불러내어 그들과 영적인 교제를 나눈다. 이 세 친구들은 살아 있는 동안에 저승(The Other World)에 관한 지식 추구에 골몰한 나머지 이승(This World)에서는 편안한 삶을 영위하지 못한 사람들이다.

이 시의 제3연부터 제8연까지의 6연은 망자(亡者)들과 영적으로 교감하고 있는 시인의 세 친구들을 묘사하고 있다. 각 친구마다 2연씩을 할당하여 다루고 있는데, 처음에는 비난을 그리고 다음에는 칭송을 교차시킨다. 호톤의 자만은 사랑으로 변모되고, 에머리의 주름은 아름다운 용모에 드리워지며, 반은 미치광이이자 반은 악당인 맥그레거이지만 그와의 우정은 결코 끝나지 않는다. 이처럼 시인은 비난과 칭송을 교차시킴으로써 칭찬 일변도로 친구들을 다루었을 때보다 죽은 친구들과의 관계를 더욱 강하게 부각시킨다.

한편, 시인이 세 친구들의 영혼을 불러낼 때 세 친구들의 모습을 너무나 생생하게 묘사하고 있어서 우리는 그들의 애처로우면서도 바보스런 면면과, 미지(未知)의 세계에 관하여 알고자하는 그들의 처절한 노력에 공감(共感)하게 된다. 뿐만 아니라 우리는 시인의 세 친구들의 예를 통하여 산 자의 삶이 망자의 삶에 비하여 불완전하다는 것을 간파하게 된다. 왜냐하면 그들은 망자들이 알고 있는 것을 배우기 위하여 애쓰면서 인생을 보냈기 때문이다. 결국 이 시는 망자들을 불러내는 의식(儀式)을 가장함으로써 산 자보다 우월한 지식을 가지고 있는 망자들을 찬양하고 있는 것이 아니라 인간의 불완전성에 대한 시인 자신의 절규를 표현한 것이라 할 수 있다.

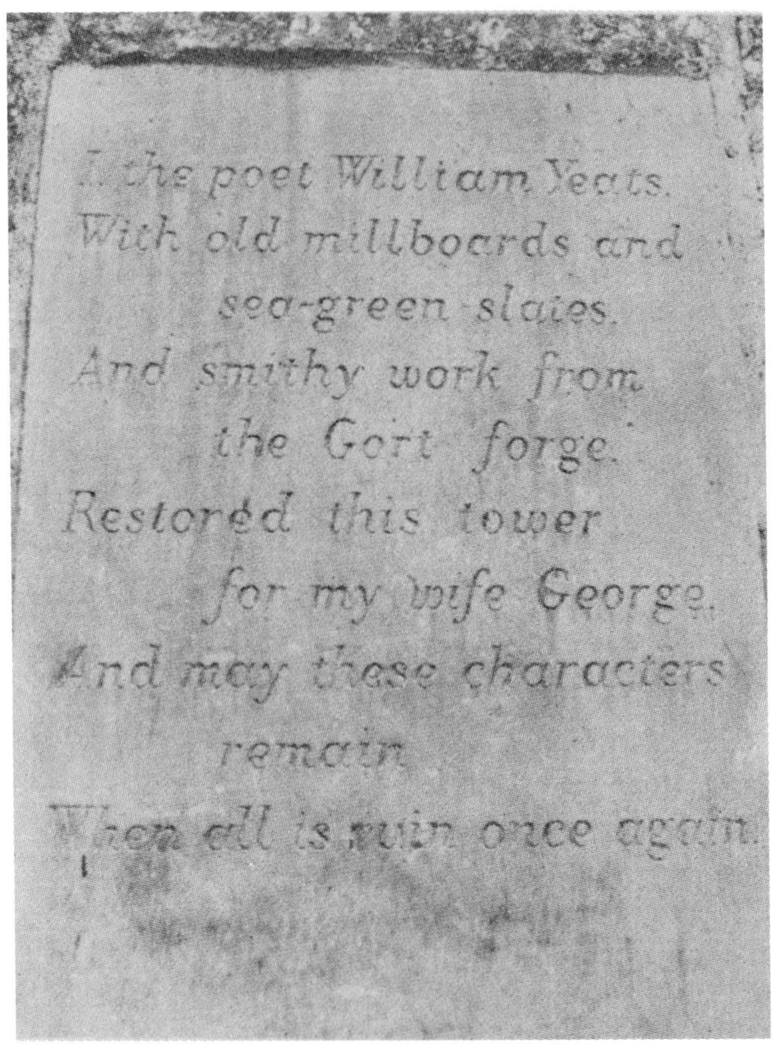

투르 발릴리(Thoor Ballylee)에 새겨진 글귀

참고문헌

이기영. 『한국불교연구』. 서울: 한국불교연구원출판부, 1982.

이세순. 「윌리엄 버틀러 예이츠의 시 연구: 자아완성과 실체추구」(박사학위논문). 서울: 중앙대학교, 1987.

이창배. 『이창배 전집 12: W. B. 예이츠 시연구』. 서울: 동국대학교출판부, 2002.

해주스님. 『화엄의 세계』. 서울: 민족사, 1998.

Albright, Daniel. Ed. *W. B. Yeats: The Poems*. London: J. M. Dent & Sons Ltd., 1990.

Cowell, Raymond. *Literature in Perspective: W. B. Yeats*. London: Evans Brothers Limited, 1972.

Ellmann, Richard. *The Identity of Yeats*. Oxford UP, 1968.

Harris, Daniel A. *Yeats: Coole Park and Ballylee*. Baltimore and London: The Johns Hopkins UP, 1974.

Henn, T. R. *The Lonely Tower: Studies in the Poetry of W. B. Yeats*. London and New York: Methuen & Co. Ltd., 1979.

Jeffares, A. Norman. *A New Commentary on The Poems of W. B. Yeats*. London and Basingstoke: Macmillan, 1984.

Kermode, Frank. *Romantic Image*. Glasgow: William Collins Sons and Co., Ltd., 1976.

North, Michael. *Political Aesthetics of Yeats, Eliot, and Pound.* Cambridge UP, 1992.

O'Donnell, J. P. *Sailing to Byzantium: A Study in the Development of the Later Style and Symbolism in the Poetry of William Butler Yeats*. Cambridge: Harvard UP, 1939.

Rajan, Balachandra. *W. B. Yeats: A Critical Introduction.* London: Hutchinson UP, 1972.

Stock, A. G. *W. B. Yeats: His Poetry and Thought*. Cambridge: Cambridge UP, 1961.

Tindall, William York. *W. B. Yeats: Columbia Essays on Modern Writers*. No. 15. New York & London: Columbia UP, 1966.

Unterecker, John. *Reader's Guide to William Butler Yeats*. Farrar Straus & Giroux, 2000.

Whitaker, Thomas R. *Swan and Shadow: Yeats's Dialogue with History*. The U of North Carolina P., 1964.

Yeats, W. B. *A Vision*. New York: Macmillan, 1965.